科学新世界

宇宙

魏辅文 / 主编　智慧鸟 / 绘

吉林科学技术出版社

图书在版编目（CIP）数据

科学新世界. 宇宙 / 魏辅文主编. -- 长春 ：吉林
科学技术出版社，2023.10
ISBN 978-7-5744-0850-0

Ⅰ. ①科… Ⅱ. ①魏… Ⅲ. ①科学知识—儿童读物②
宇宙—儿童读物 Ⅳ. ①Z228.1②P159-49

中国国家版本馆CIP数据核字(2023)第178890号

科学新世界　宇宙
KEXUE XIN SHIJIE　YUZHOU

主　　编	魏辅文	
出 版 人	宛　霞	
责任编辑	汪雪君	
幅面尺寸	170 mm×240 mm	
开　　本	16	
字　　数	100千字	
印　　张	8	
页　　数	128	
印　　数	1-6 000册	
版　　次	2023年10月第1版	
印　　次	2023年10月第1次印刷	

出　　版	吉林科学技术出版社
发　　行	吉林科学技术出版社
地　　址	长春市福祉大路5788号出版大厦A座
邮　　编	130118
发行部电话/传真	0431-81629529　81629532　81629535
	81629530　81629531
储运部电话	0431-86059116
编辑部电话	0431-81629380
印　　刷	长春新华印刷集团有限公司

书　　号	ISBN 978-7-5744-0850-0
定　　价	39.80元

·前言·

　　亲爱的小读者们，欢迎翻开这套有趣的丛书！在这里，你将会了解到关于生物、人体、地球和宇宙的各种奥秘。书中将会探索古代生物的演化历史，从最早的单细胞生物到现今的各种动物，让你了解生命的起源和多样性。这套书还会带你进入人体的神奇世界。你将会学习到关于身体各个器官的功能和特点，并且了解到如何保持健康的小窍门。随后，让我们一起探索地球和自然的奥秘，例如撒哈拉大沙漠的起源、海洋中的五彩斑斓和各种动植物的生态环境。最后，再一起去宇宙中看看吧！包括行星、恒星和黑洞等未解之谜。你将会了解到关于宇宙的各种新鲜知识和生动故事。相信你将会在这里收获很多有趣的经验和知识，拥有一段美好的阅读时光！

目录

目录

目录

目录

宇宙是什么

太阳光，明亮亮，照得身上暖洋洋！郊外踏青的时候，一边晒着太阳，一边闻着花香，还能听到鸟儿婉转的歌唱。深深地呼吸，让自己沉浸在大自然中，你一定会感到十分舒适惬意。

可是你知道吗？宇宙中是绝对没有这些景象的。

宇宙和地球是两个世界，它和地球有什么不一样呢？

宇宙中没有空气

没有了空气人类就没法呼吸，所以宇航员在太空中行动需要背着氧气瓶。

宇宙中没有液态水

宇宙中的水大多数是以冰的形式存在的。

冰

宇宙是漆黑的

虽然宇宙是漆黑的，但越黑的地方越容易感受到光芒，所以在宇宙中比在地球上看到的星光更亮更美丽。

11

宇宙很大，我们很渺小

宇宙很大，大到什么程度呢？直到如今我们都没有发现宇宙的边界，宇宙是广阔无边的。

夜晚，天上星光闪烁。星星离我们太遥远了，以至于我们看到的并不是它此时此刻的光芒，而是很久很久以前发出的，只是现在才传到我们的眼中而已。

科学家们观测到宇宙直径是930亿光年，但这并不等同于宇宙就这么大。自诞生起它就一直在以惊人的速度不断扩张。

宇宙是无穷无尽的

我们相信，在遥远的未知的地方，确实存在着宇宙的根源，在那里可以找到解释一切宇宙问题的答案，这个任务就交给各位未来的小科学家们继续探索吧！

宇宙爆炸前是颗"豌豆"吗

砰！一个巨大的火球！宇宙的故事可以追溯到它诞生的那一刻，这一时刻发生在遥远的138亿年前。"宇宙大爆炸"拉开了它的序幕。

1. 从无限小膨胀到葡萄柚那么大，宇宙释放出了大量的能量，为物质和反物质的形成打下了基础。

不是你不明白，这宇宙变化快！

夸克

电子

瞬间暴胀

宇宙在鸿蒙之初是非常小的，温度极高并且稠密，暴胀就像吹起了一个皱缩的气球，而这个气球是一个大火球。在火球内部，能量被转化为物质和反物质。接着宇宙开始一边膨胀一边冷却。最初，宇宙的膨胀非常缓慢，之后越来越快。

时间和空间谁先谁后

宇宙大爆炸之前，时间和空间皆不存在。宇宙大爆炸之后，时间开始流逝，空间开始膨胀。可是就连科学家都分不清楚它们哪个开始得更早一些。

原子是怎么来的

　　原子是可以独立存在的最小物质，它有一个由质子和中子组成的原子核，周围围绕着电子。在大爆炸最初的 3 分钟，当宇宙膨胀到拥有足够多的质子和中子的时候，它们就会开始形成原子核，之后会形成氢原子和氦原子。大部分恒星都是由这两种原子构成的。

质子

中子

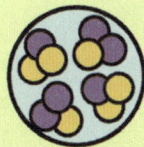

氦原子核

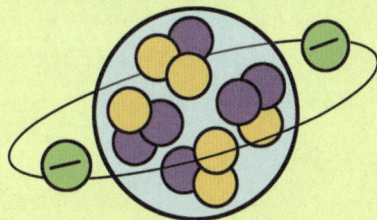

　　2. 宇宙长到一个足球场那么大的时候，大量的物质和反物质粒子剧烈翻腾，互相冲撞，产生了更多的能量。

　　3. 宇宙迅速膨胀并冷却下来，产生出一系列粒子，其中包括夸克和电子。

　　4. 不管怎样冷却，宇宙温度仍然很高，无法形成原子。但夸克能够组合在一起，形成质子和中子。

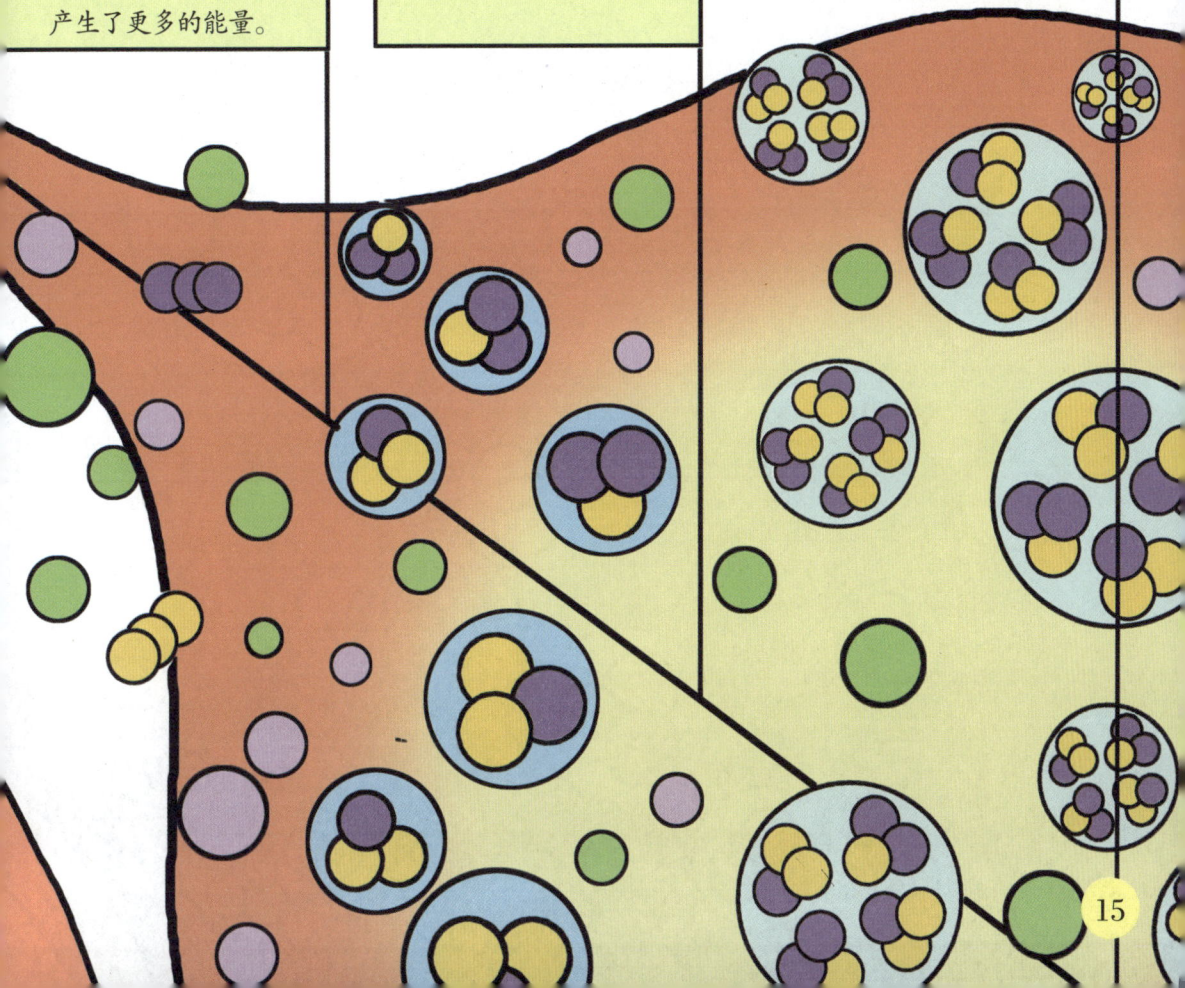

宇宙中越来越热闹啦

如果宇宙没有冷却，那么原子永远都不会形成，也就不会有星球。在宇宙诞生之后的亿万年时间里，恒星和行星组成了星系。

宇宙模糊一片

宇宙大爆炸后，过了 30 万年，温度降到 3000℃时，第一批原子诞生了。那时候的宇宙充满了大量的辐射，是混沌不清的。这是因为光线受到原子的反射，无法远距离传播。

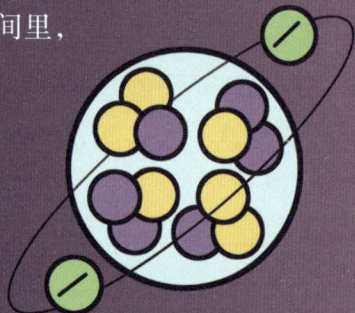

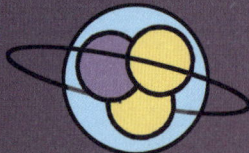

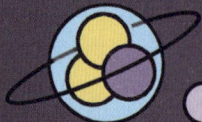

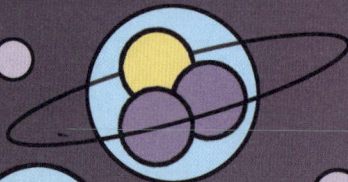

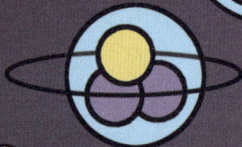

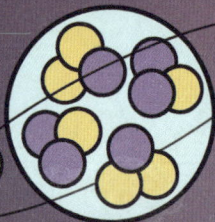

出现了第一道星光

宇宙大爆炸 2 亿年后，氢气和氦气开始形成巨大的气团。在引力作用下，气团自燃形成了第一代恒星。这些恒星非常庞大而炽热，并会发生爆炸，推动新恒星的诞生。

星系也诞生了

在第一代恒星诞生后不久，星系也诞生了。恒星和稠密的气云，在暗物质和引力的作用下组合在一起，形成了新恒星和小型星系。星系之间又开始互相碰撞，形成了更大的星系。

什么时候诞生了银河系和太阳系

亮闪闪的银河系

从地球上看，银河系是横跨夜空的光芒之路，由恒星、气体和尘埃组成，135 亿年前就形成了。每到夜晚，这流光溢彩的"银河"是数百万颗恒星所发出的光的总和。太阳系就位于其中。

我们眼中的银河

银河

太阳系

太阳系围绕着银河系不停地旋转着。可是太阳系旋转一周要花上 2.5 亿年，所以在我们活着的时候不会返回到宇宙中相同的位置。

旋转着的太阳系

太阳系诞生于46亿年前，它是由太阳、行星、卫星、彗星、流星等组成的。

美丽而神秘的银河

银河系中有着处于不同生命阶段的恒星，有的年轻，有的年老，它们每一个都有着属于自己的秘密，等待我们去探索挖掘。

在银河系，有许多星球聚集在一起，就好像一条亮闪闪的河流，所以我们称之为"银河"。它在历史长河中一直激发着我们人类的想象，写出了很多有关它的神话传说。

很多星球都是这样，它们位于遥远的地方，要以光速前进几年、几百年甚至几亿年才能到达。

银河系最古老的恒星

银河系中最古老的恒星年龄几乎和宇宙一样大，可能是在宇宙诞生后不久形成的，叫作"SM0313"。

星球制作方法

我们以氢和氦为原料,再加上时间,来合成星球吧!

H₂ 氢

He 氦

1. 不均衡,才有可能

虽然宇宙是一片漆黑的,但里面有各种各样的物质飘浮着。有的地方浓厚一些,有的地方稀薄一些。而正是这种不均衡的状态,才诞生了星球的原始形态。

2. 漫长的等待

星球的原始形态吸引更多周围的气体及其他物质聚集过来,渐渐变大,渐渐升温。这个时间要以 10 万年为单位。

3. 终于成形了

经历了数个 10 万年,星球的原始形态中心温度超过了 1000 万摄氏度,发出了青白色的光芒,制作完成了!

谁是星星中的"老大"

如果宇宙是个大家庭，这么多数也数不清的星星中，谁是最先出生的孩子呢？

宇宙诞生后很久一段时间，都是伸手不见五指的黑暗。大约经过了3亿年，第一颗星球才诞生，这就是"第一星球"。它是个巨大的，带着青白色光芒的星球。

第一星球的诞生，同时带来了合成其他星球所需的原材料。也就是说，我们所熟悉的太阳和地球也是由这个第一星球产生的。

太阳是宇宙"巨无霸"吗

大家都知道太阳是非常巨大的，太阳的直径比地球大上百倍，体积是地球的 130 万倍。

那在宇宙中太阳是不是最大的星体呢？人们说"天外有天"，那是否也是"星外有星"？

太阳

参宿七

光度为太阳系的 5.5 万倍，直径约 9744 万千米，为太阳的 70 倍。

天狼星

夜空中肉眼看到的最明亮的恒星，距太阳系约 8.6 光年。天狼星直径 251.256 万千米，是太阳的 1.8 倍。

北河三红巨星

位于双子座，距太阳系约 35 光年，光度为太阳的 32 倍，亮度在夜空中排第 17 位。北河三直径 1155.36 万千米，是太阳的 8.3 倍。

太阳只是一颗普通的黄矮星，宇宙中比太阳质量大的恒星大有"星"在，宇宙的神奇也正等待人类去进一步探索与了解。

天鹅座 KY

天鹅座 KY 是一颗位于天鹅座的红超巨星，亮度是太阳的30万倍以上，直径至少是太阳的1420倍。

盾牌座 UY

天鹅座 KY 是不是最大的星了？科学家们通过天文望远镜，发现一颗非常巨大的恒星盾牌座UY，它足足可以容纳50亿个太阳。

太阳系每个行星都有自己的特点，有的很大，有的很小，有的很热，有的很冷。我们来看看它们各有什么样的本领吧。

最快的是木星，自转一周约要 9 小时 56 分钟。

太阳系行星的快与慢

最慢的是金星，自转一周要 243 天。

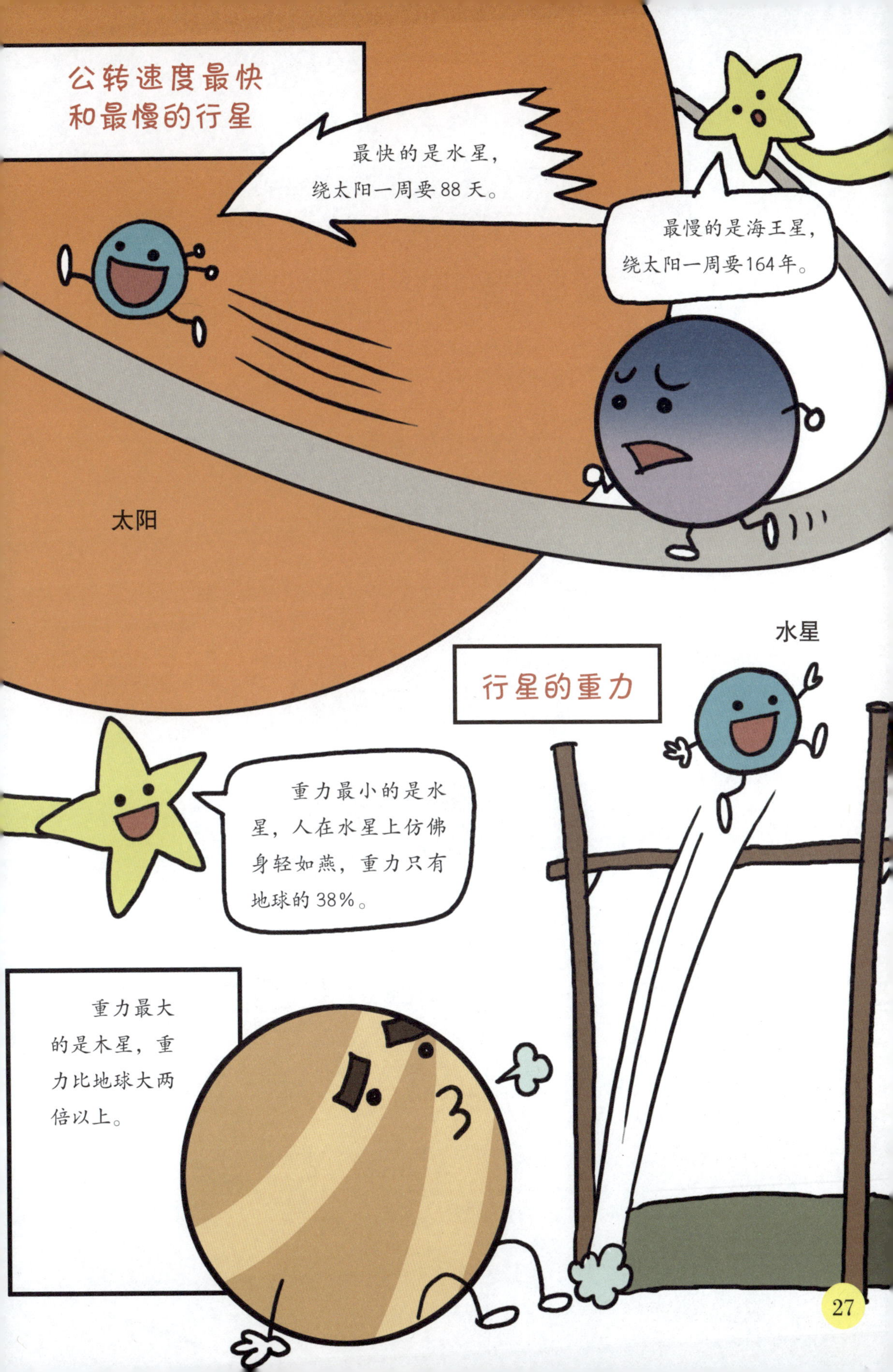

公转速度最快和最慢的行星

最快的是水星，绕太阳一周要 88 天。

最慢的是海王星，绕太阳一周要 164 年。

太阳

行星的重力

水星

重力最小的是水星，人在水星上仿佛身轻如燕，重力只有地球的 38%。

重力最大的是木星，重力比地球大两倍以上。

太阳系家族

围绕着太阳运转的有八大行星，个个身手不凡，都有自己的"独门秘籍"。

水星

以小取胜。直径只有 4878 千米，却与太阳距离最近，近日点只有 4600 万千米。

地球

密度最大，环境最好的人类家园。平均密度是每立方米 5.5 吨。

金星

金星是太阳系中最热的行星，表面温度高达 500℃，而且有非常频繁的雷暴现象。

火星

温度和地球类似，有水的痕迹，科学家致力于将它改造成第二个地球。

木星

以大著称。直径为 14.3 万千米，是地球的 11.2 倍，质量是地球的 318 倍。

土星

土星最轻，不是说质量轻，而是密度小。它还拥有一个美丽的光环。

海王星

海王星距离太阳最远，有 45.54 亿千米，是地球的 30 倍。它是太阳系最暗、最冷、公转速度最慢、公转周期最长的行星。

天王星

以"懒"闻名。天王星的自转倾角是 97.77°，几乎是个直角。从太空中看，就好像它在"躺着"公转，被戏称为"最懒的行星"。

星期是怎么来的

星期指的是星球活动的周期，它和月亮的周期相联系，月亮周期的四分之一大约是七天，定为一周，也就是一个星期。

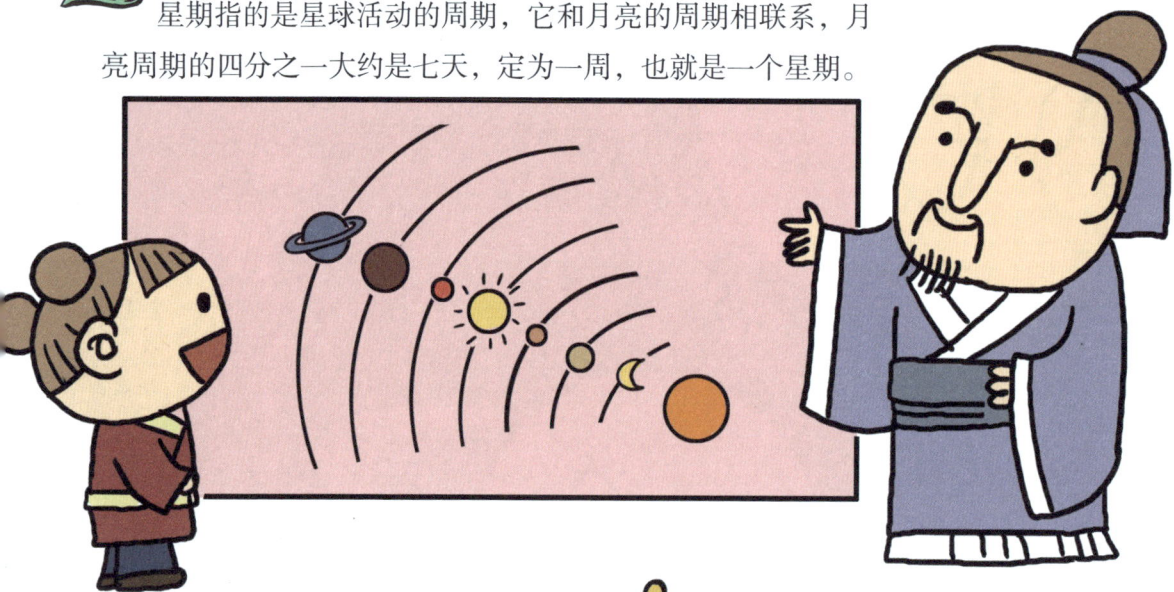

在西方，星期作为时间周期，最早起源于古巴比伦。后来犹太人把它传到古埃及。

又由古埃及传到古罗马，罗马皇帝君士坦丁大帝在公元 321 年 3 月 7 日正式规定 7 天为一周，这个制度一直沿用至今。

星期算法

在中国古代夏商周时期，是用七曜来计算日期的。七曜指的是日、月、金、木、水、火、土这七个星球，是当时天文星象的重要组成部分。

太阳是个大火球吗

天气晴朗的时候，我们不敢直视太阳，怕把眼睛灼伤。这是为什么呢？

太阳是太阳系的主宰，是我们光和热的主要来源。所以我们误以为太阳像火焰一样，是熊熊燃烧着的大火球。

但是燃烧是需要空气中的氧气的，除了地球，宇宙中没有空气，所以太阳并不能燃烧。

太阳内部有大量的氢元素，氢和氢紧紧挨在一起，

在太阳的核心不断地进行核反应，氢就变身成了氦，这个过程产生了大量的能量，

这些能量从内部移动到太阳表面，以光和热的形式逃逸出去。

太阳的核反应

He

He

He

He

He

He

太阳能威力大

由太阳输送到地球的光和热对于我们来说很重要，它使地球万物生长，有了多姿多彩的大自然。要是没有了太阳，我们所拥有的这些都会失去。

揭开太阳的真面目

太阳是有着 46 亿年历史的巨大超热星球，它的超大引力维系着整个太阳系。如果地球和其他行星不围绕它转动的话，就会被拖进太阳之中。

不敢直视的太阳

白天，太阳光可以照亮地球，即使天空乌云密布也不影响。可就算是戴着墨镜，我们也不敢直视太阳，想要观察它只能通过天文望远镜。

色球层

覆盖在最外面不规则的一层大气。

光球层

我们能够看到的明亮表面，外面是炽热的日冕，只有日食的时候才能看得到。

解剖太阳

日珥

气流十分汹涌。

对流层

输送能量的区域，有着旋涡状的气体，让太阳的能量得以向外扩散。

辐射层

以光子形式传送能量，每个光子都会携带能量。

日核

太阳的核心部分，能量就是在这里产生并释放出来的。

太阳能为我们做什么

太阳是地球上一切生物的生命之源,它对我们的生活有着很大的影响。

带来降雨

在太阳的照耀下,地面的水蒸气和江河湖海的水分会蒸发到天空中,形成云,云中的水汽越来越多,越积越厚,就会变成雨水落下来。

形成风

太阳照得到的地方温暖,照不到的地方寒冷,这种温度差会造成空气流动,这就是风。

无风不起浪,在海面上刮的狂风会引起巨浪。

太阳能发电

充分利用能源，我们可以用特制的太阳能电池来进行发电。

带来好身体和好心情

万物生长靠太阳，我们的身体也一样。沐浴在温暖的阳光中，多做户外运动，能促进我们身体长高，精神饱满，带来愉悦的好心情。

带来温暖

太阳的阳光可以维持地球生物的生长。

太阳系的诞生

太阳系起源于 46 亿年前一片庞大而黑暗的太阳星云，在最初的数百万年里，这片星云坍缩成了扁平盘面，中央区域演变成了太阳，其余物质形成了行星。

原始的太阳

没有人知道为什么太阳星云会开始坍缩，随着引力的作用，它形成了致密的中央区域和弥散的外部区域。随后它开始收缩并加速自转，中央区域越来越热，这就形成了太阳的雏形，叫作"金牛座 T 型星"。

行星也诞生了

金牛座 T 型星发出了光和热，它的中心开始出现了核反应，现在已经成了名副其实的太阳了！与此同时，引力使得周围很多物质聚集在一起，构成了星环。

行星之间的战争

战争无处不在，新诞生的行星会互相撞击。

有时它们两败俱伤，分崩离析。

有时它们合而为一。

经过了漫长的时间，最终只剩下了我们熟悉的地球、金星、木星、水星、火星、土星、天王星、海王星。

行星

卫星

一些小的星球被这些行星捕获，绕着行星转动，成为行星的卫星。

白天和黑夜是怎么轮班的

春

夏

冬

秋

北极

赤道

南极

我们所居住的地球在不停地自转，自转产生了白天和黑夜。同时地球也在围绕太阳公转，公转产生了一年四季。

小知识

地球以赤道为界，分成北半球和南半球，地球的两个极点是北极和南极。赤道是地球上接收阳光最多的地方。

40

地球自转产生白天黑夜

地球自转的时候，被太阳照射到的地方是白天，没被照到的地方就是黑夜。白天和黑夜就这样交替往复着。由于自转的方向是自西向东，

所以在地球上的我们看到太阳是东升西落的，而且太阳在天空现身的时间会随着季节而变化，夏季长一点，冬季就短一点。

北极

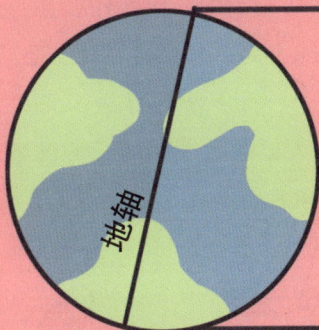

阳光

地轴

南极

南极也有极昼

地球并不是直面太阳转动的，而是有一个角度，这就使得北极比南极更接近太阳。在仲夏时节，北极会出现极昼现象，太阳一整天都挂在天空中不落下。

北极

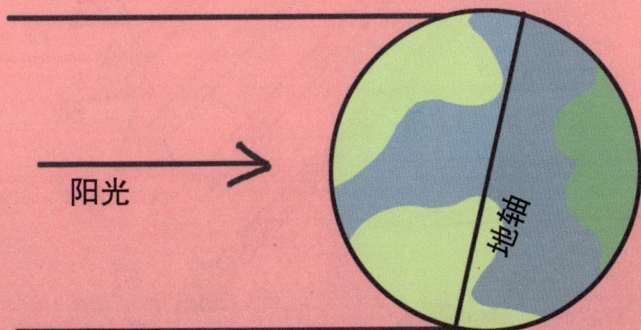

阳光

地轴

南极

41

天空的颜色会变化

小时候我们学画画，总是会画蓝蓝的天空白白的云。可是你有没有观察过，实际上天空并不是一成不变的蓝色。

早晚大不同

清晨和傍晚，天空中有着美丽的橙色朝霞和晚霞；阴天的时候，天空又是灰蒙蒙的；暴风雨来袭的时候，天空又像黑压压的锅底一般。天空的颜色，是由太阳光决定的。

七色光

太阳光有七种颜色，照射到地球上的时候，按照红、橙、黄、绿、青、蓝、紫的顺序，光的波长依次越来越短，所以人类观察到的天空颜色总是在变化的。

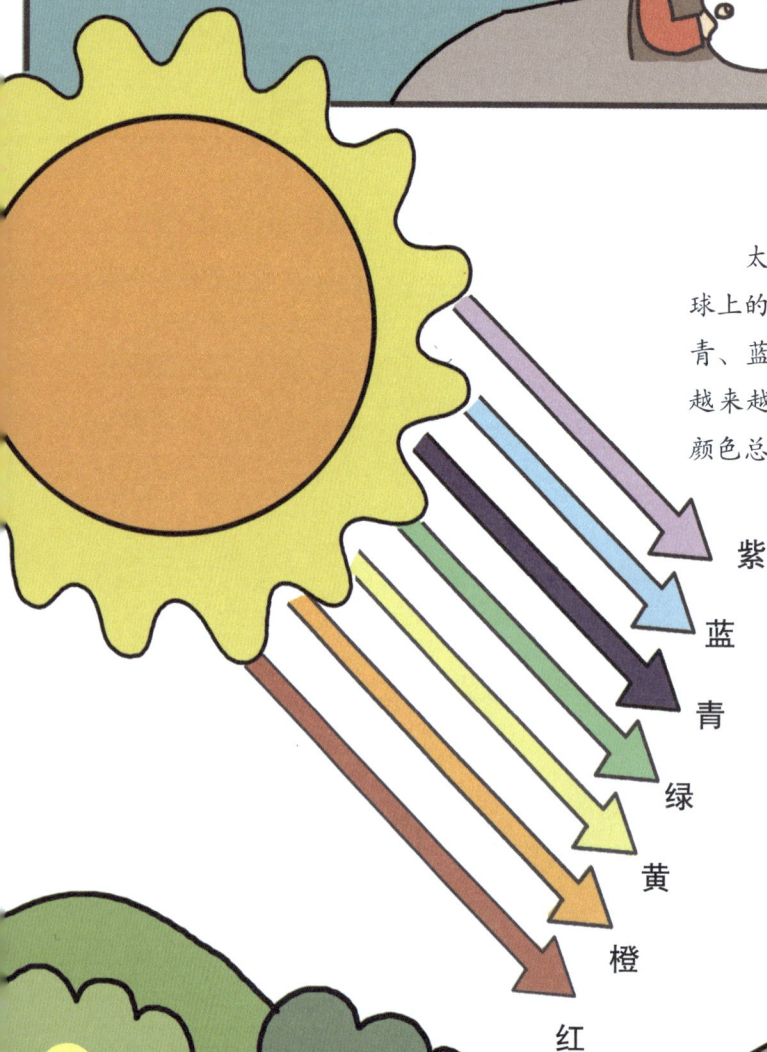

紫

蓝

青

绿

黄

橙

红

颜色变化的原因

蓝天

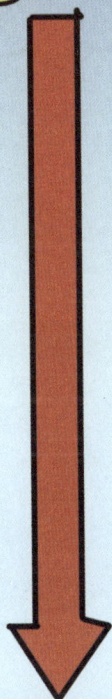

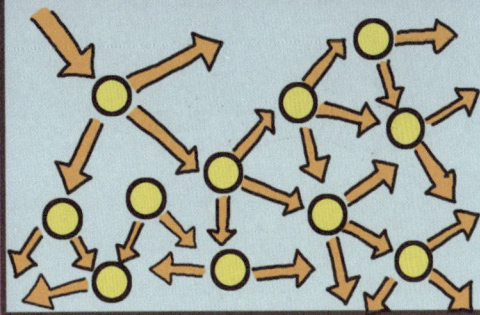

到了傍晚，太阳光是斜着照射到地面上的，红光与空气中的颗粒相撞而弥漫天空中，映入眼帘的是大量红光，所以此时的天空看上去是红色的。

晚霞

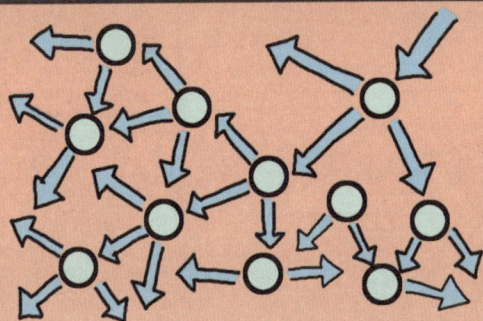

白天，太阳光是近乎直着照射到地面上，蓝色光与空气中的颗粒相撞而漫天弥漫，这时候天空看上去是蓝色的。

听老人讲神话故事，月亮里面住着嫦娥，还有玉兔在捣药。听上去很浪漫。

可事实上到了月球一看，月球和地球比起来差远了！那里光秃秃的，什么都没有。

月球的环境

月球上是静悄悄的，没有光，没有空气，也没有声音。

月球上昼夜温差很大，变化很大，向阳的地方和背阴的地方温差达到 200 摄氏度。

月球武功高手

　　我们在月球上轻轻一跳就可以跳得很高很高。这是因为月球比地球的质量轻，在月球上人的身体重力只有地球上重力的六分之一，引力自然也就小很多。

到处坑坑洼洼

　　更要小心的是，你可能会被大石头砸中。月球上到处都是大大小小的陨石坑，这些都是周围的小行星碎片干的好事。并不是说小行星碎片不会飞向地球，而是地球的大气层是一个天然的保护罩，这些碎片在和大气摩擦的时候就燃烧殆尽了。

揭开月球的神秘面纱

月球是离我们地球最近的邻居，也是人类探索宇宙的第一站。关于月亮，千百年来有很多美丽的传说故事，也有很多扑朔迷离的猜测。

月亮的形状

月球有着柔和的光辉，它本身并不发光，而是反射了太阳光。

由于月球也在不停地转动，被太阳照亮的地方也在不断地变化，所以月亮看上去每天的形状都是不一样的。

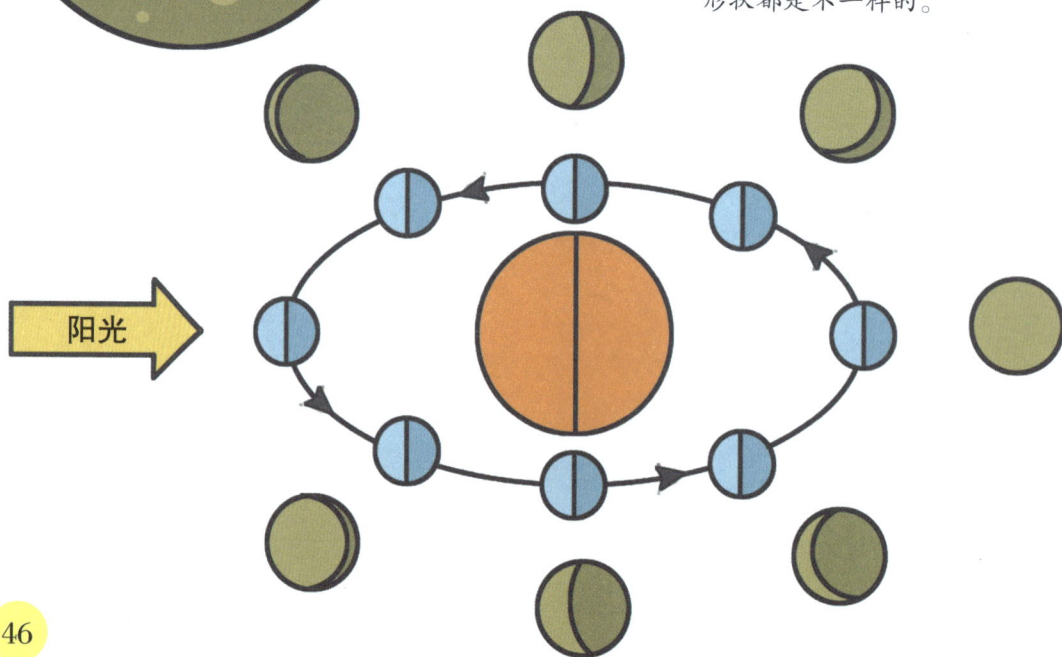

阳光

月球的结构

月球的结构并不复杂，它的表面是由类似花岗岩的富钙岩石组成的月壳，上面布满了大大小小由陨石撞击而形成的陨石坑。

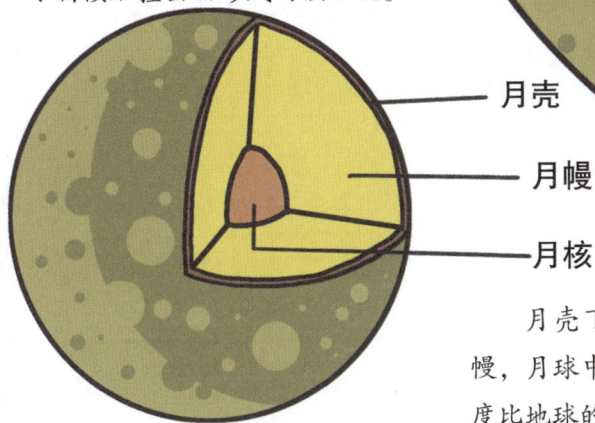

月壳

月幔

月核

月壳下面包裹着富含硅酸盐矿物质的岩石月幔，月球中心可能存在着小型金属月核。整体的密度比地球的密度低很多。

月球的诞生

月球现在已有45亿岁了，科学家猜测月球的形成原因可能与地球和行星有关，

地球

当地球与行星剧烈碰撞时，

大量地幔喷射出来形成了云团，

最后慢慢变成了月球。

月球

地球

云团逐渐冷却增大，

也许，月球还是从地球身体中脱胎而生的呢。

如果月亮消失了会怎样

天空中没有了月亮，我们只是无法在夜晚观赏到它而已吗？并非如此，失去月亮还会带来一系列的问题。

阴历消失

阴历是根据月球周期制定的，我们会没有了阴历日期。

很多定于阴历的节日也会随之消失。

中秋节

海水的变化

我们会失去赶海的快乐，潮涨潮落的潮汐现象，正是由于太阳和月球的引力共同作用于地球而引起的，太阳和月球的引力处在同一个方向时，潮水会涨得很高。

海水

威胁生命

没有了月球引力的帮助，地球就会运转得极其不稳定，不仅摇摇晃晃，

还会加速旋转，

这时地球上的气候就会发生很大的变化，炎热的沙漠会结冰，

而寒冷的南极会变为沙漠，

到处都会刮起超级大风，一天的时间也会缩短。地球就不再是一个适合生存的星球了。

我们居住的地球

地球是我们赖以生存的家园。在宇宙中，它是距离太阳第三近的行星。

解剖地球

地球的结构分为三层，最外层的地壳由各种岩石和矿物质组成，覆盖了整个大陆和海底。地壳下面是地幔，是富含镁和铁元素的硅酸盐层。中心区域是地核，温度极高。

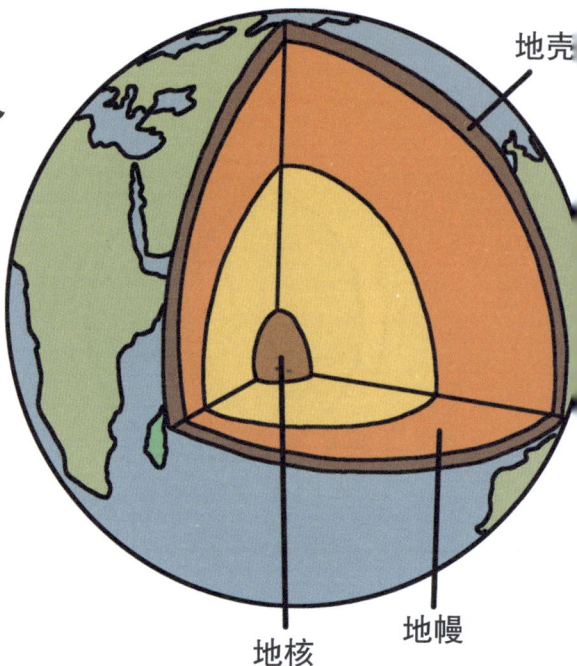

地壳

地幔

地核

蓝色水世界

从宇宙看地球，70%都是被水覆盖。这些水分布在江河湖海和极地冰冠中，正是这些地表水孕育出了多种多样的生命。

地球是一个大磁铁

地球赤道处磁场最弱，两极最强。磁南极大致指向地理北极附近，磁北极大致指向地理南极附近。

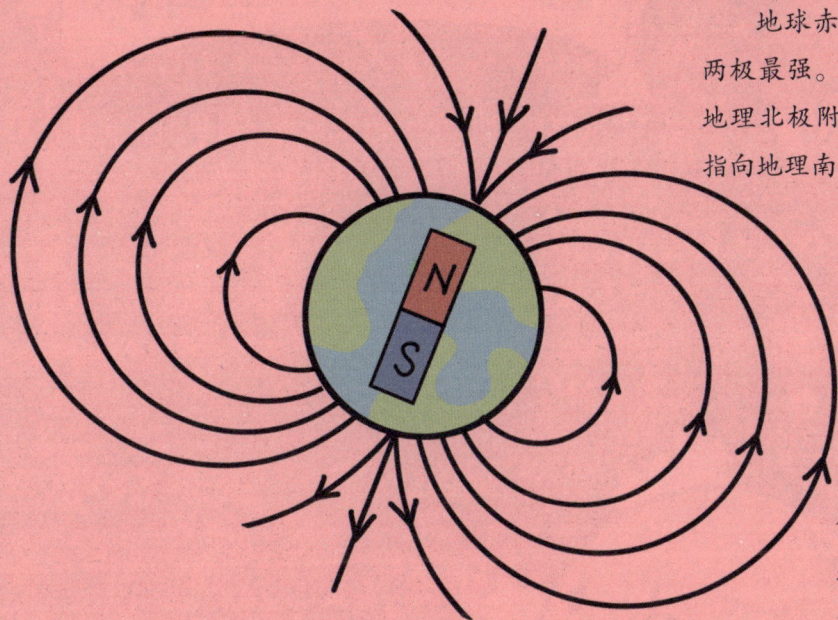

地球磁场的作用很大，保护地球不受太阳风的侵扰。

曾经的"地心说"

公元2世纪，托勒密认为，地球是宇宙的中心，所有的天体都是围绕地球运转的。后来哥白尼提出了"日心说"，打破了这个理论。到了现代，科学家经过观测又加深了对宇宙的认识。

地球的诞生很奇妙

地球的年龄有 46 亿岁了，是目前所知独一无二的有生命的星球。它是如何形成现在这个样子的呢？

太阳形成后，一些残余物质逐渐聚集，越变越大，越变越圆，又由于受到引力的作用而不断旋转，就这样，地球诞生了！

刚出生的地球还很弱小，受到周围星球的不停撞击，这些撞击让它产生了很多热量。

地球越来越热，火山爆发形成了岩浆。这种熔融的现象使得地球分离出了地壳、地幔和地核。

地球的温度渐渐降低，岩浆凝固形成了岩石，地面上产生的气体也逐渐凝结，降落下来形成了原始的海洋。

地球上的原始海洋是酸性的，温度也比较高。

在大约40亿年前，地球上的环境才稳定下来，为孕育生命做好了准备。

地球也在公转

地球大约以每小时 10.8 万千米的速度围绕着太阳旋转，这个速度比子弹还要快 30 倍。公转一周大约是 365 天，从而产生了四季。地球的自转轨道和公转轨道并不是垂直的，而是存在一定的夹角。

地球在转动

地球上最高的山

喜马拉雅山是地球上最高也是最年轻的山脉，被誉为"世界屋脊"。平均海拔 7000 米以上。其中的珠穆朗玛峰是海拔最高的山峰。据说构成山脉的大陆板块还在彼此碰撞着，喜马拉雅山仍以每一百年几十厘米的速度在"长高"。

亚欧板块

印度洋版块

地球在自转

地球自转一圈大约是 24 小时，自转形成了白天和黑夜。

24 小时

25 小时

据说地球自转的速度正在逐渐减慢，大约 1.8 亿年之后，旋转一圈会变成 25 小时。

地球会被水淹没吗

　　由于全球气候变暖，南北极的冰川不断在融化，这就造成了海平面在逐年上升。陆地将会越来越小，所以保护生态环境，就是保护我们赖以生存的家园。

火星探险开始了

火星是一颗红色行星。火星直径只有地球的一半大，距离太阳第四近的行星。

火星

地球

火星上的天气

火星上是既寒冷又干燥的，围绕着火星的大气是很稀薄的，大气的主要成分是二氧化碳。

它有着深深的峡谷和高高的火山，虽然它现在是一颗干旱的星球，但有迹象表明在火星表面曾经有液态水流过。

火星的结构

它表面的岩石地壳被沙漠覆盖。

地壳下面是硅酸盐材质的地幔。

与地球不同的是，由于寒冷，火星的地核可能已经完全固化成了铁核。

火星也有季节

火星也是围绕着太阳旋转的行星，它的轨道是椭圆形的，这导致火星的表面温度在冬季的零下125℃到夏季的25℃之间变化。

悬浮着氧化铁颗粒，使得空气呈现出淡淡的粉红色。

极地

虽然火星不下雨，但是在冬季，极地一带的云团会让地表结霜。

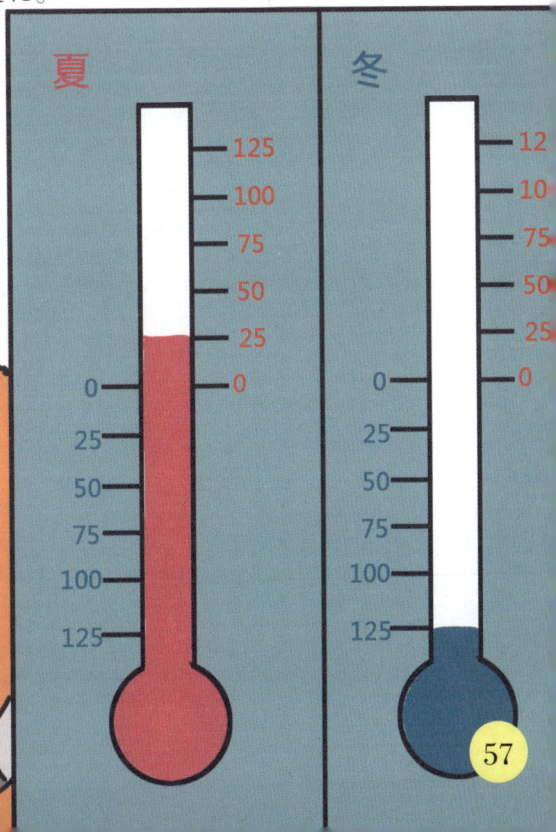

夏

125
100
75
50
25
0
25
50
75
100
125

冬

12
10
75
50
25
0
25
50
75
100
125

57

火星上什么样

珠穆朗玛峰

奥林匹斯山

火星上有没有水

水是生命之源，它通常是以液态、固态、汽态的形态存在。火星上保留着河床和峡谷的形态。

火星上的高山

火星上分布着好几座火山，其中最高的一座叫作"奥林匹斯山"，它也是整个太阳系星球上最大的一座山。高度是珠穆朗玛峰的3倍呢。火山也会不定时喷发，不过它最近一次喷发是在250万年前。

科学家证实了30~40亿年前火星表面是有着大量流动着的液态水的，那时候的火星是个更加温暖潮湿的世界。

58

火星的"守卫者"

火星有两颗小卫星，火卫一和火卫二。它们长得像不规则的马铃薯，围绕着火星不停地旋转。

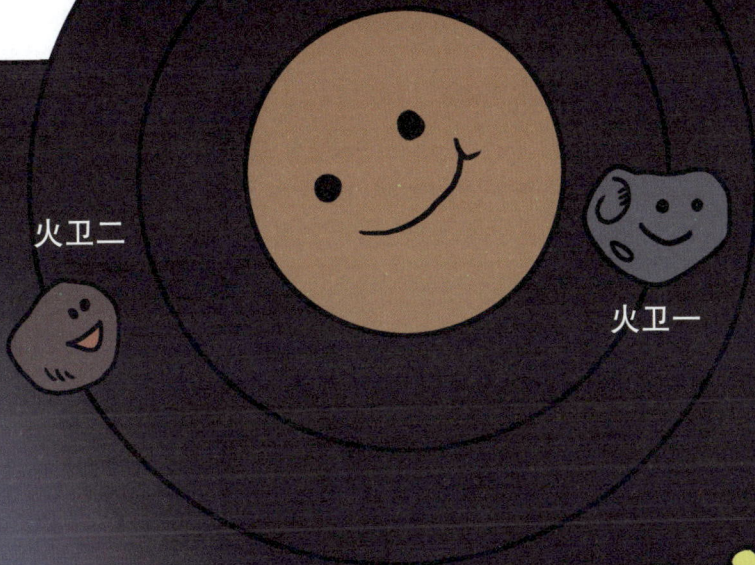

火卫二

火卫一

火星比月球距我们的距离还要遥远，所以火星之旅需要花费更大的精力。虽然失败过很多次，但科学家们仍然在为探测火星做着努力，也取得了很大成效。

火星之旅

月球

科学家们计划未来将以月球作为基地和中转站来进行火星之旅。

木星似乎很狂躁

木星是太阳系所有行星当中个子最大的。它和太阳的距离大约是日地距离的 5 倍，光和热都很难达到，没有明显的季节变换。

木星身上的条纹是怎么来的

包围木星的大气成分主要是氢和氦，其他也有甲烷、乙烷等。这些成分凝结在一起形成了大气中色彩不同的云团，所以远远看去，木星就好像穿着一件条纹外衣。

木星总是狂风大作

木星的天气现象是由云和大风主导的，上升的热气流和下降的冷气流会形成风，经过木星的快速自转形成风暴。就算是规模最小的风暴都相当于地球上最大的飓风，一次可以持续数天到数年。可想而知，这要是发生在地球上，可不得了！

地球

大红斑是什么

大红斑是木星上巨大的风暴区，大到可以吞掉三个地球。它的尺度、形状和颜色都在不断发生变化，从1970年的橘红色变成了现在的棕红色。

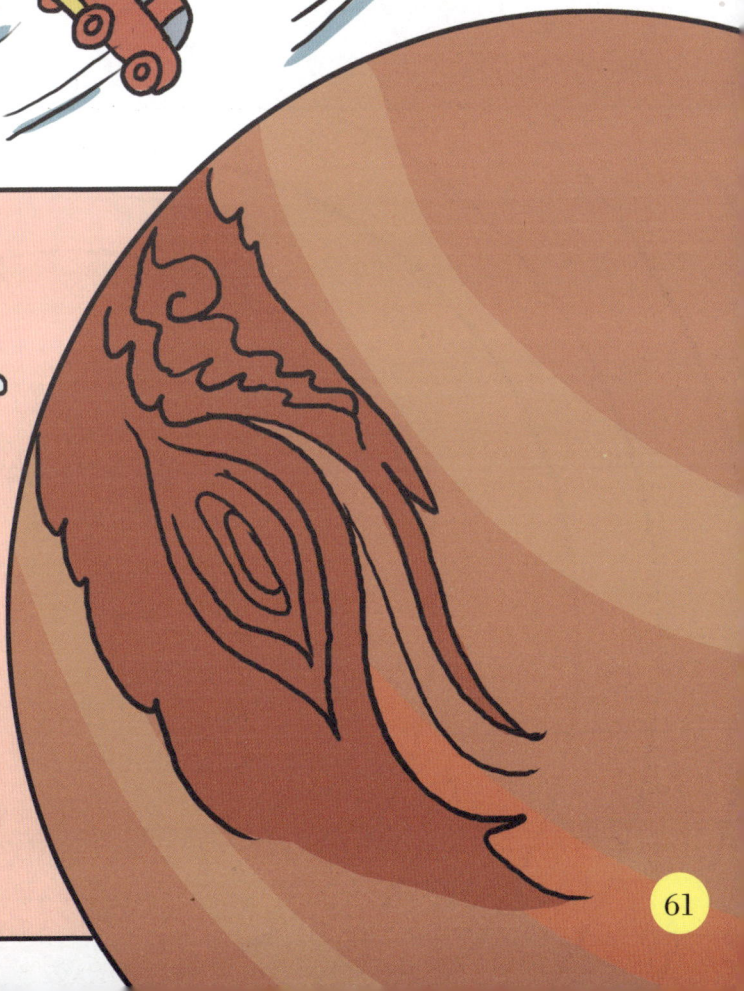

木星的磁场

木星有着十分强大的磁场，相当于地球的2万倍。

你了解木星吗

它强烈影响着木星周围的空间环境，太阳风粒子冲入磁场会被减速和转向，与大气中的粒子相碰撞发出辐射，这时就形成了美丽的极光。

木星的卫星

木星的卫星数量很多，大约有60颗。分为3类：4颗内层卫星，4颗大型伽利略卫星，其余的都是小型的外层卫星。

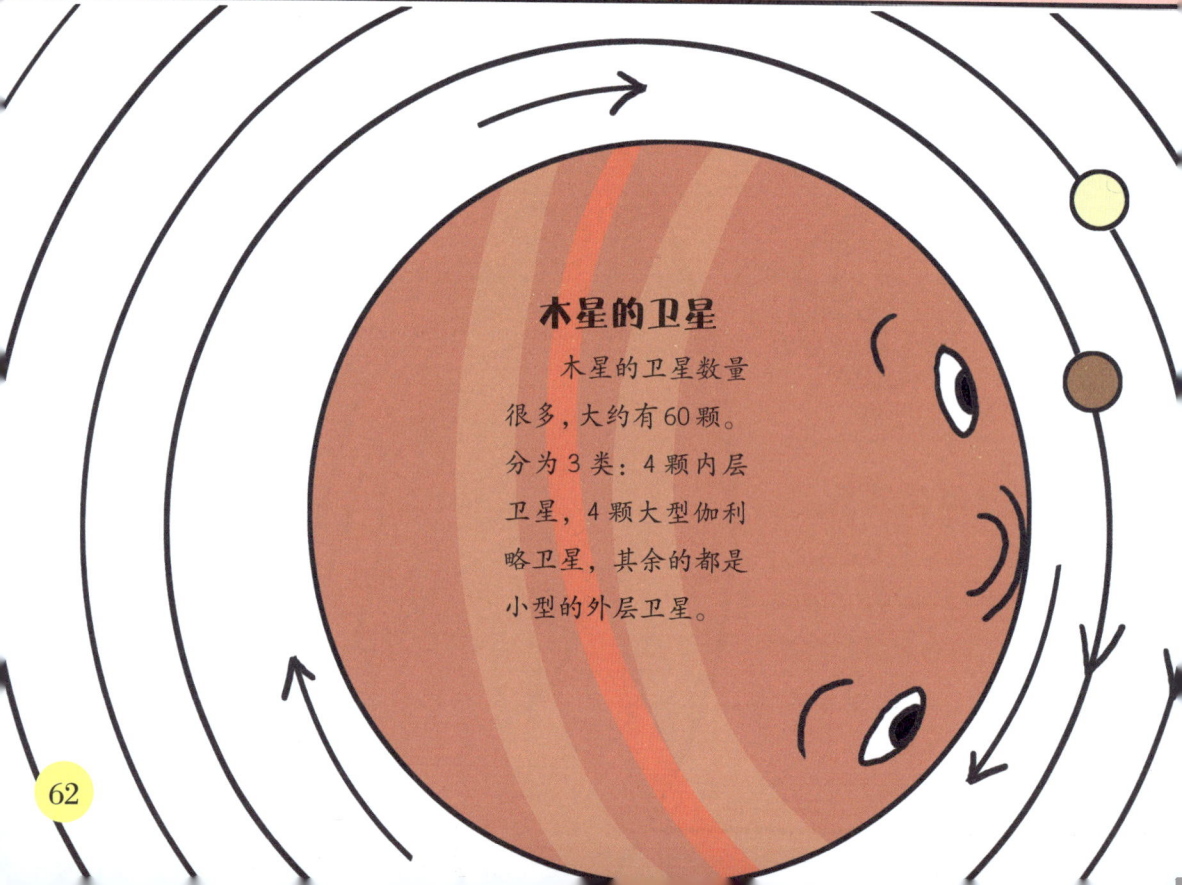

木星的结构

木星最外层包围着气态的氢和氦。

这一层是液态的氢和氦。

这一层是金属氢。

最里面是可能成固态的致密核心，由岩石、金属和氢化合物以及微量的水蒸气、甲烷和氨气组成。

内层卫星

伽利略卫星

外层卫星

前两类卫星和木星旋转的方向相同，最外层的卫星却在相反的方向上运行。

水星是一个大水球吗

水星是太阳系八大行星中最小的一颗，但是它距离太阳是最近的，从水星上看太阳要比地球上明亮6倍，所以水星向阳面十分酷热，就算上面有水也早就蒸发了。

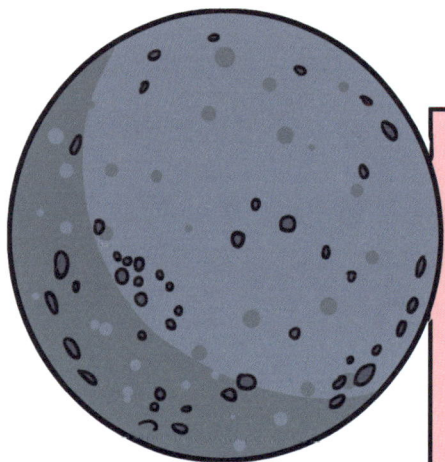

水星是坑坑洼洼的

水星表面到处都是大大小小的陨击坑，小到碗状环形山，大到直径相当于行星1/4的盆地。其中最著名的叫作"卡路里盆地"，它的面积比美国的得克萨斯州还要大，据推测，撞击它的小行星直径超过了100千米。

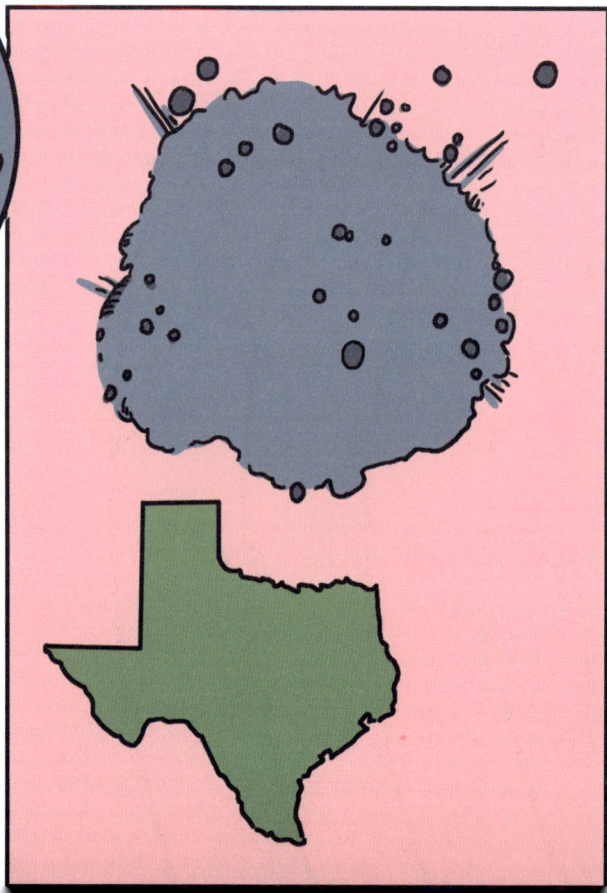

水星的结构

水星的密度很高，它有着很丰富的铁元素。

最外面覆盖着一层由硅酸盐矿物质组成的薄薄的地壳。

外面包裹着固体的岩石地幔。

在水星中心形成了一个巨大的铁核。

一天很长但一年却很短！

水星
的自转周
期很慢

水星自转一圈　　　　需要……　　　　……　　　　58.646 个地球日

另一方面，水星又是太阳系里的"飞毛腿"，绕行太阳一圈需要……

起点　　预备……　　　　跑！！！！！

我绕太阳一
圈仅需要 87.968
个地球日。

水星公转两周的同时，
自转只有三周。这意味着每
两个水星年是由三个水星日
组成的，每两次日出之间的
间隔相当于 176 个地球日。

日夜温差很大

水星是温差最大的行星。它的大气十分稀薄，离太阳也特别近。

白天

所以白天的温度高达 427℃。

夜晚

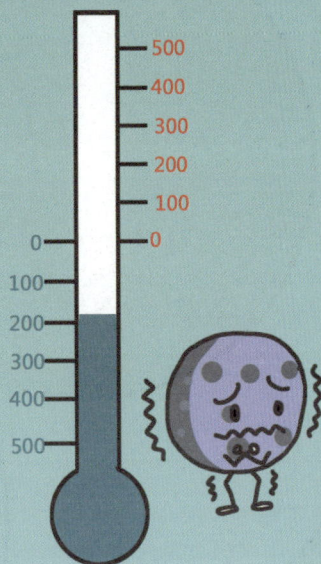

夜晚降到零下173℃。

水星有很多山脊

水星表面上有着星罗棋布的大大小小的环形山，既有高山，也有平原，还有悬崖般陡峭的山脊。

山脊是南北向的，这是因为水星在最初形成的冷却过程中，发生了收缩，地壳的一部分被推挤了出来。

金星距离地球很近

行星中金星距离地球最近，表面闪耀着金色的美丽光辉。虽然它的大小和成分与地球很像，但它们截然不同。

金星有很多的火山

金星的地貌与地球很像，它存在着数以千计的火山，但没有人能确定是否还有活火山。

金星很热

金星表面有着一层十分浓密的云团，太阳光很难照射进来，云团下面是阴沉而又炙热的干旱世界，这样就像是把热量束缚在温室中一样，所以金星的温度比其他任何行星都要高。

金星凌日

金星轨道位于地球轨道的内侧，所以在某些特殊时刻，地球、金星和太阳会处于同一条直线上。

从地球上看，金星就像一个小黑点一样在太阳周围缓慢移动，这种天文现象就叫作"金星凌日"，最近一次发生在2012年6月6日。

大约80%的阳光被反射

热量被大气中的二氧化碳吸收使金星变得更热

表面被阳光加热

神秘土星环

无论什么时候观察土星，它总是顶着那个大大的圆环，好像随时随地都在玩呼啦圈一样。这个圆环到底是什么东西呢？

土星环是什么

虽然说其他的行星也有行星环，但土星环是最突出和最明显的。土星环就像硕大的密纹唱片，环环相套，其中有不计其数的或大或小的颗粒，主要成分是冰和岩石，还有一些尘埃和其它的化学物质。

土星环是怎么被发现的

早在 1610 年，意大利天文学家、物理学家伽利略在观察宇宙时，发现土星好像有小耳朵一样的东西。但是当时条件有限，看不清它的真面目。

到了 1655 年，荷兰物理学家克里斯蒂安·惠更斯特意对土星进行了研究，用更先进的设备观察到土星的"小耳朵"实际上是一个圆环，但还不清楚这圆环到底是什么东西。

70

土星

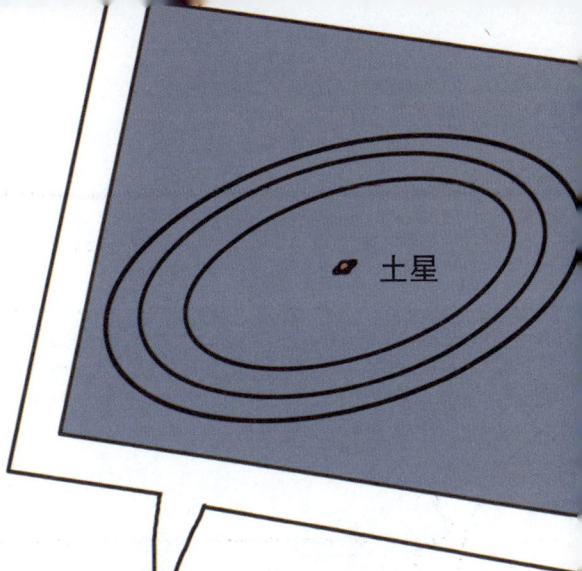

史匹哲太空望远镜

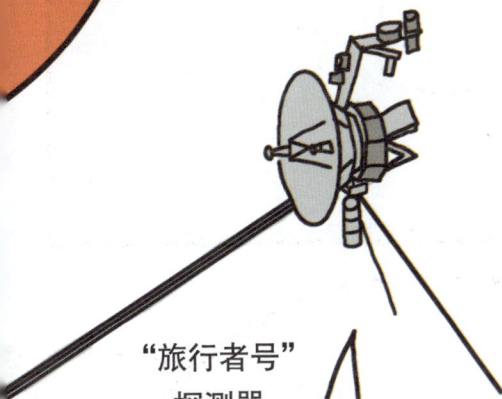

"旅行者号"
探测器

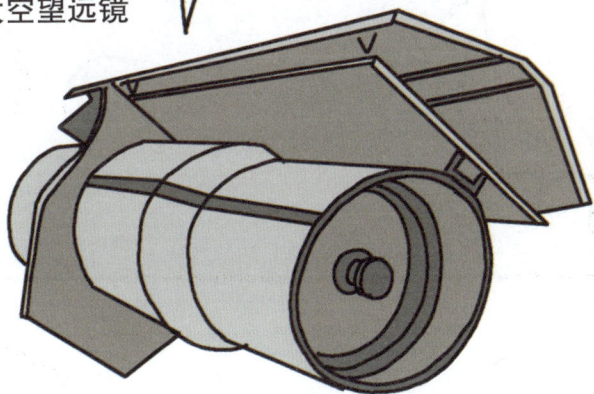

2009 年，通过更先进的设备——史匹哲太空望远镜，科学家们更清楚地观察到了土星巨大的、之前从未侦测到的土星环，它的容积大到可以容纳十亿个地球。

直到 1980 年，"旅行者号"探测器飞向太空，前往土星，彻底查明了土星环的真相，是由冰和少数的岩石残骸以及尘土构成的。

土星与太阳的距离是地球与太阳的距离的 10 倍，几乎吸收不到太阳的热量，所以土星上十分寒冷。

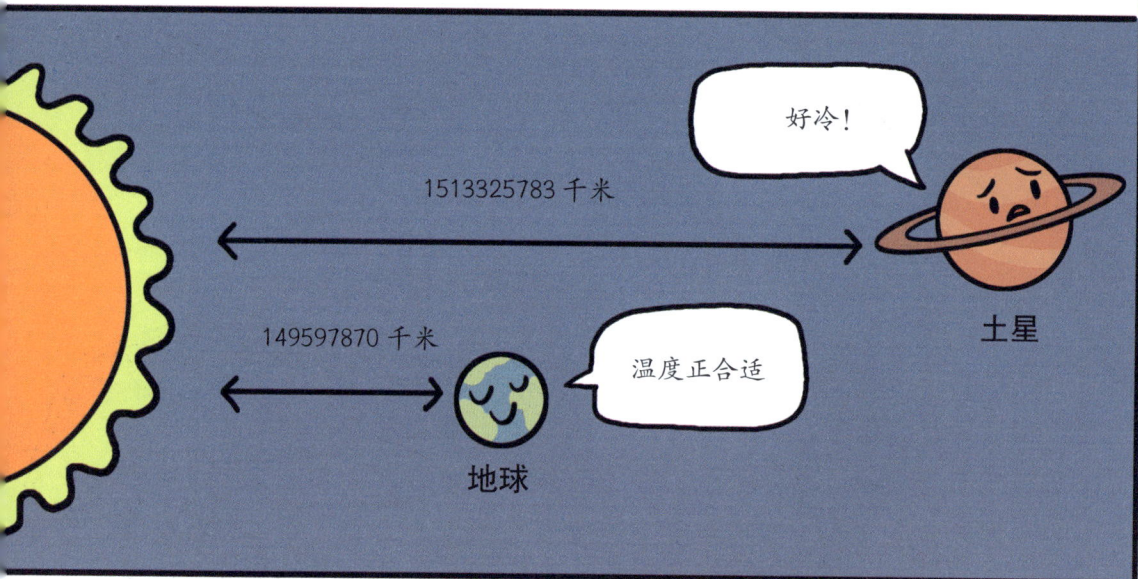

> 好冷！

1513325783 千米

土星

149597870 千米

> 温度正合适

地球

土星很冷吗

土星的结构

土星没有固态表面，它的最外层是一层气态的大气层。

越往内压力和温度越大，是液态的氢和氦的混合物。

土星的核心部分是岩石和冰组成的。

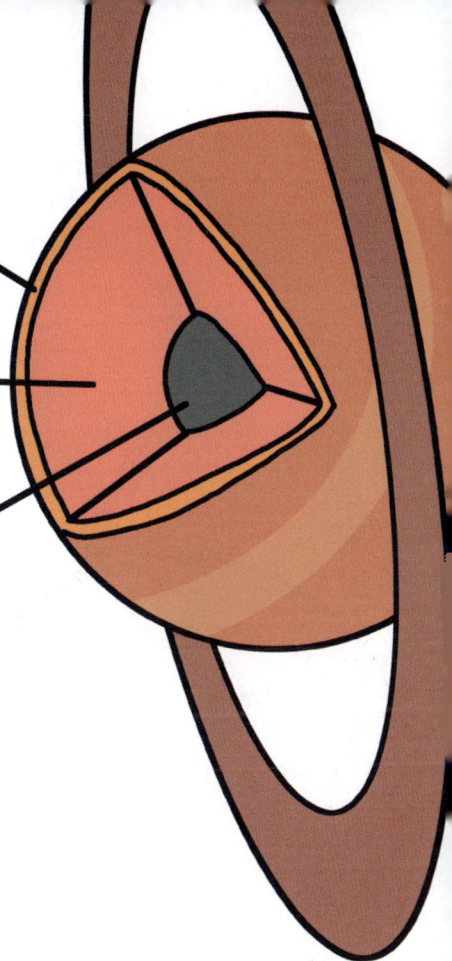

土星的密度是所有行星中最低的，比水还低，所以如果把土星扔到水里，它是沉不下去的。

土星的卫星

已经确认的土星卫星总共有62颗，其中最大的是土卫六，它是由岩石和冰组成的。有趣的是，它是太阳系中唯一拥有实质性大气层的卫星，大气的成分和45亿年前的地球极为相似。

天王星是躺着的

天王星是太阳系中体积第三大的行星，是一颗美丽的淡蓝色星球。天王星看上去是蓝色的，这是因为其外层大气层中的甲烷对阳光中的红、橙色光具有强烈的吸收作用。

天王星的光环

天王星拥有11道光环，环与环之间相距很远，主要由炭黑色的富碳物质组成，也含有一些尘埃颗粒。

1781年，英国天文学家赫歇耳用自制的望远镜发现了天王星。

天王星的结构

天王星大气的主要成分是氢、氦和甲烷。据推测，其内部可能含有丰富的重元素。

地幔由甲烷和氨的冰组成，可能含有水。

内核由冰和岩石组成。

天王星的直径是地球的 4 倍

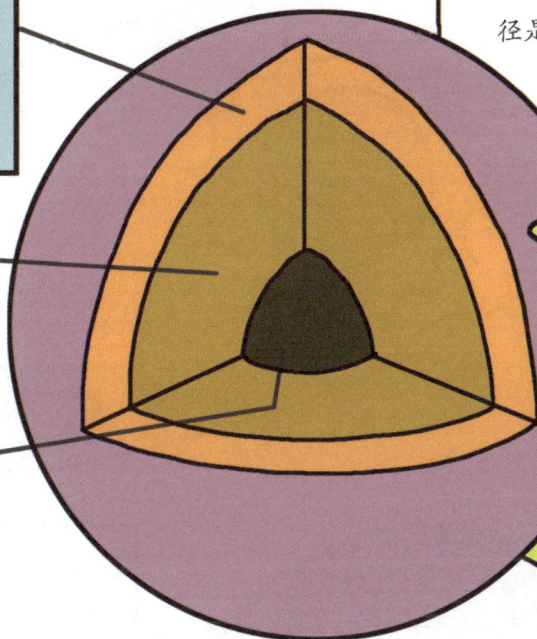

天王星是躺着的

天王星的自转轴几乎是直指太阳的，它是斜躺着围绕太阳运转的。

天王星的自转轴

哇！

科学家猜想它是在太阳系形成的时候，一颗地球大小的原行星撞击到天王星，造成指向的倾斜。

海王星是距离太阳最远的一颗行星，所以温度很低。

我每绕太阳一周要用约 165 年。

海王星的结构

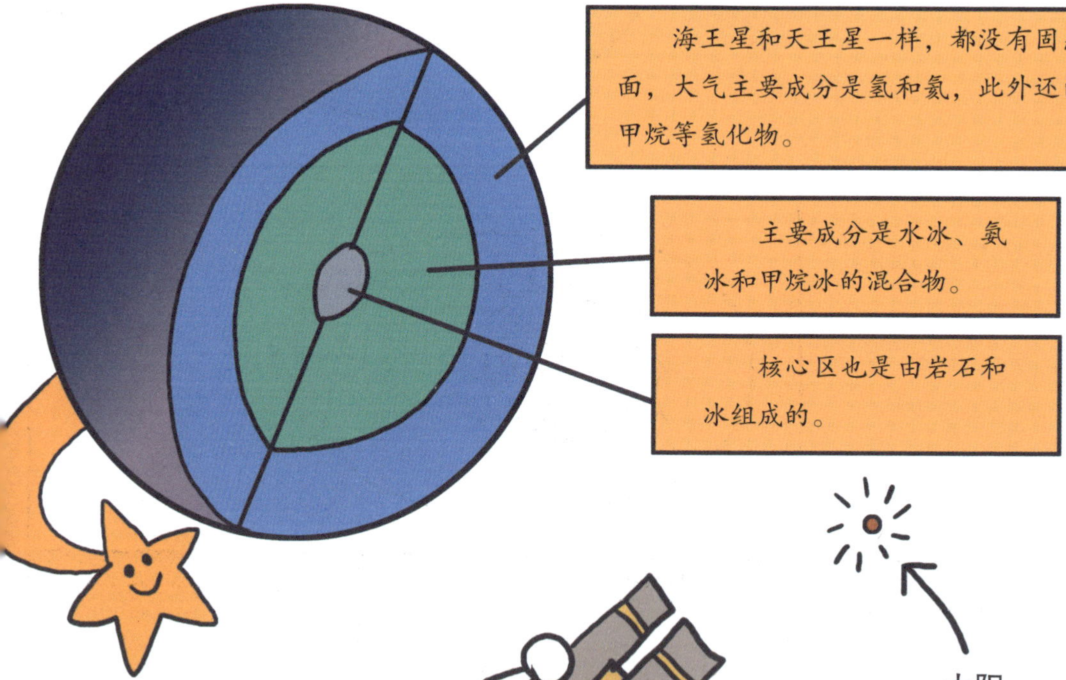

海王星和天王星一样，都没有固态表面，大气主要成分是氢和氦，此外还包含甲烷等氢化物。

主要成分是水冰、氨冰和甲烷冰的混合物。

核心区也是由岩石和冰组成的。

太阳

我离太阳太远，从我这里，看太阳就像颗明亮的星星。

海王星的卫星

海王星只有一颗大型卫星——海卫一，它的个头比冥王星还要大。公转方向和海王星的自转方向相反。除了海卫一，其他的卫星都很小。

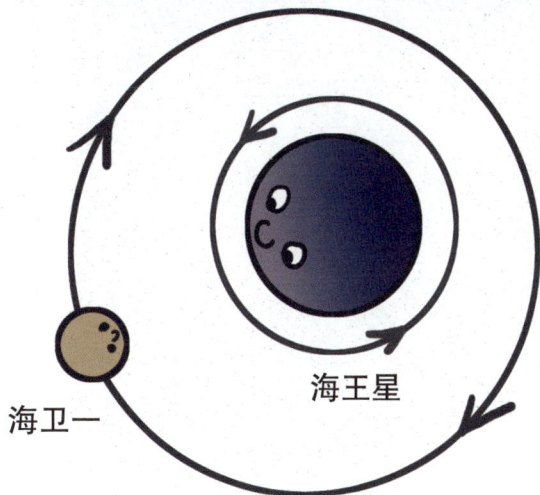

海卫一

海王星

令人费解的海王星

为什么距离太阳如此远，还有如此活跃的大气层呢？海王星有着庞大的风暴和超高速的风。

地球

海王星上最大的风暴和地球一样大

实际上，海王星星体的旋转与大气的旋转形成错位，就造成了风暴迭起的现象。

除了以上介绍的行星，太阳系家族中还有其他成员，其中包括冥王星和大量的小天体。

小行星是什么

太阳系还有数十亿的行星统称为小行星，它们大多数位于火星和木星之间的小行星带中。

太阳系中的其他成员

太阳

水星

金星

地球

火星

谷神星

矮行星是什么

矮行星又叫"侏儒行星"，体积介于行星和小行星之间，它们围绕着恒星运转。其中谷神星是最早发现的一颗矮行星，离我们最近。

谷神星

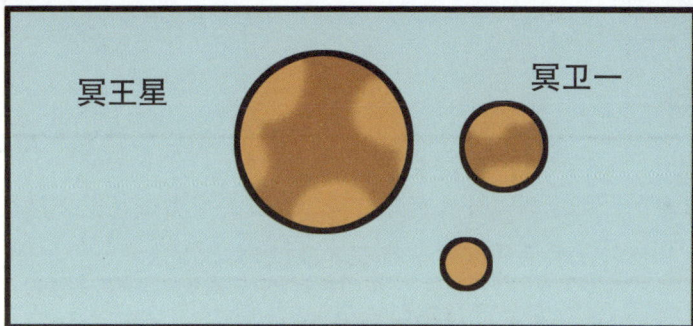

看一看冥王星

　　冥王星与地球的自转方向相反，是由岩石和冰构成的，它拥有5颗卫星，其中最大的是冥卫一，体积相当于冥王星的一半。

冥王星

冥卫一

妊神星

冥王星

土星

木星

天王星

海王星

阋神星

鸟神星

什么是柯伊伯带

　　在巨行星轨道之外，有数十亿颗冰封星球环绕着太阳系，最内侧的就是面包圈状的柯伊伯带。它的位置从海王星的轨道一直向外延伸到距太阳150亿千米远的地方，又分为内区和外区两部分，外区又叫作"离散盘"。

什么是陨石

陨石也称"陨星"，是地球以外脱离原有运行轨道的宇宙流星或尘碎块飞快散落到地球或其他行星表面的未燃尽的石质、铁质或是石铁混合的物体。

陨石大多数来自于火星和木星间的小行星带，小部分来自于月球和火星之间地带。

哈哈，自由啦！

啦啦啦！

哇，被地球的引力抓住了。

陨石有大有小，大的陨石撞击地球或者撞击其他星球时会留下陨石坑。

小的陨石在和地球大气摩擦时候就燃烧殆尽了。

陨石的成分有岩石和铁，可以为科学家研究宇宙天体提供样本。

什么是流星

宇宙间的流星体在围绕太阳运动时经过地球附近，由于受到地球引力的吸引，从而进入地球大气层，并与地球大气摩擦，开始燃烧，这时就成为了流星。

火流星

火流星分裂

流星

大部分流星燃烧殆尽，小部分变成陨石掉到地面上。所以流星和陨石不过是同体不同名罢了。

浪漫的流星雨

当地球进行公转，穿过一大片流星体时，就会看到每小时高达 1000 颗流星现象，这就叫作流星雨。

我国古代关于流星雨的记录就有大约 180 次。

现在最著名的是每年 11 月的狮子座流星雨，大概每 33 年会达到一次高峰。

什么是彗星

彗星来自遥远的太阳系边缘，大概有数十亿颗，由彗核、彗发和彗尾三部分组成。其中彗核由冰物质构成，当彗星接近恒星时，彗星物质升华，冰核周围会形成朦胧的彗发和一条蓝盈盈的气体尾巴。

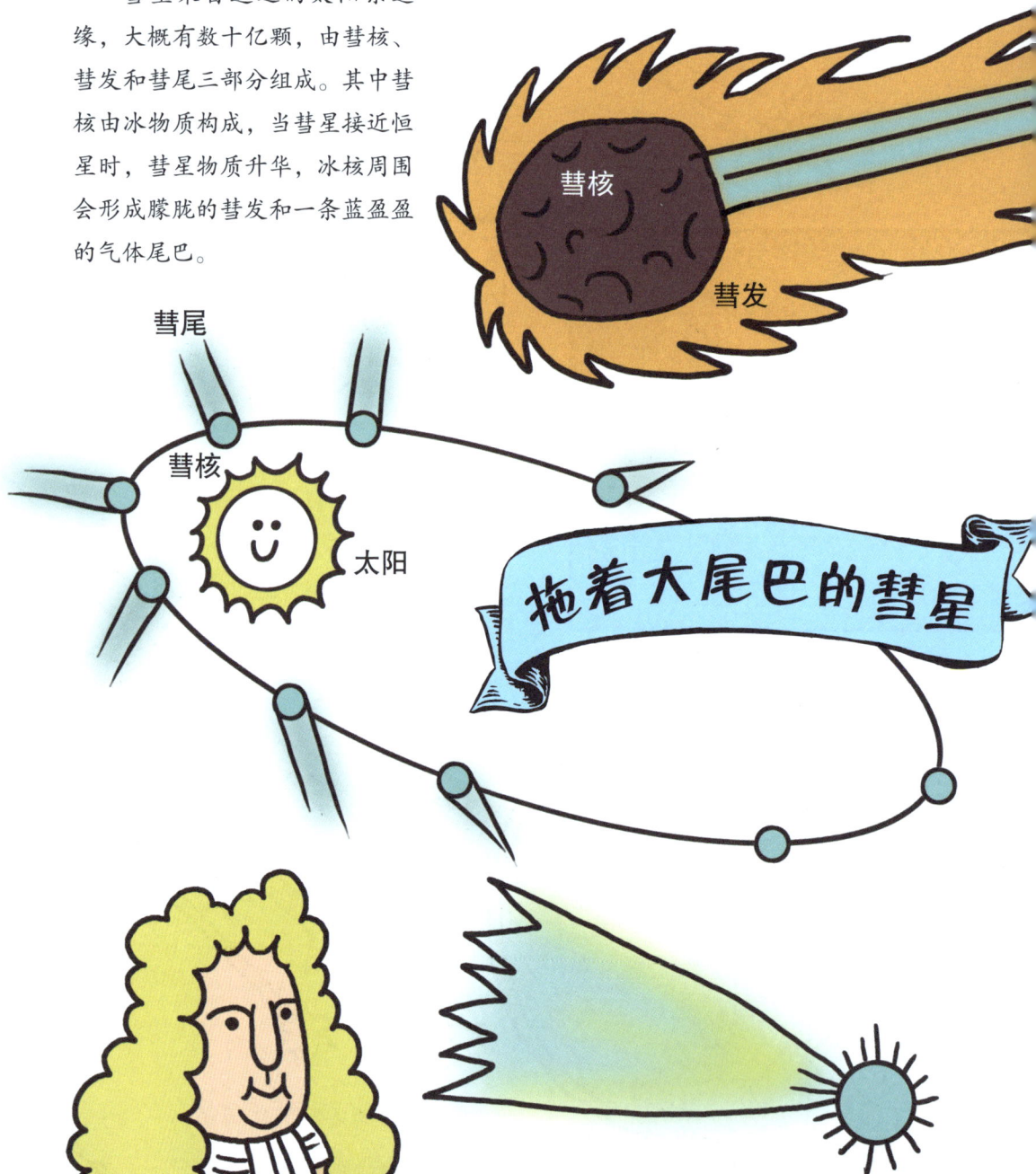

彗核

彗发

彗尾

彗核

太阳

拖着大尾巴的彗星

哈雷彗星

哈雷彗星是以英国天文学家、物理学家爱德蒙·哈雷命名的周期彗星，每76.1年环绕太阳一周，是唯一能用肉眼从地球看到的彗星。

离子慧星

尘埃慧星

彗星是恐龙灭绝的原因么

科学家猜测，6500万年前的恐龙灭绝事件，很可能是由一颗高速彗星撞击地球导致的。

轰！

撞击引起的灰尘遮天蔽日，温度骤降，导致恐龙无法幸存下来。

什么是恒星

布满星星的夜空很美，这些星星之所以能够发光，是因为它们是庞大的气态天体，通过自身的核反应产生了能量，依靠内部聚变产生的压力和自身的重力来保持稳定。

来认识一下恒星

恒星是有颜色的

虽然从地球看，星星都是银白色的，但其实它们也有颜色上的区分，这和它们的温度有关。

给恒星分类

根据星星的温度和亮度不同，我们可以给恒星进行分类，以便我们更好地认识恒星。

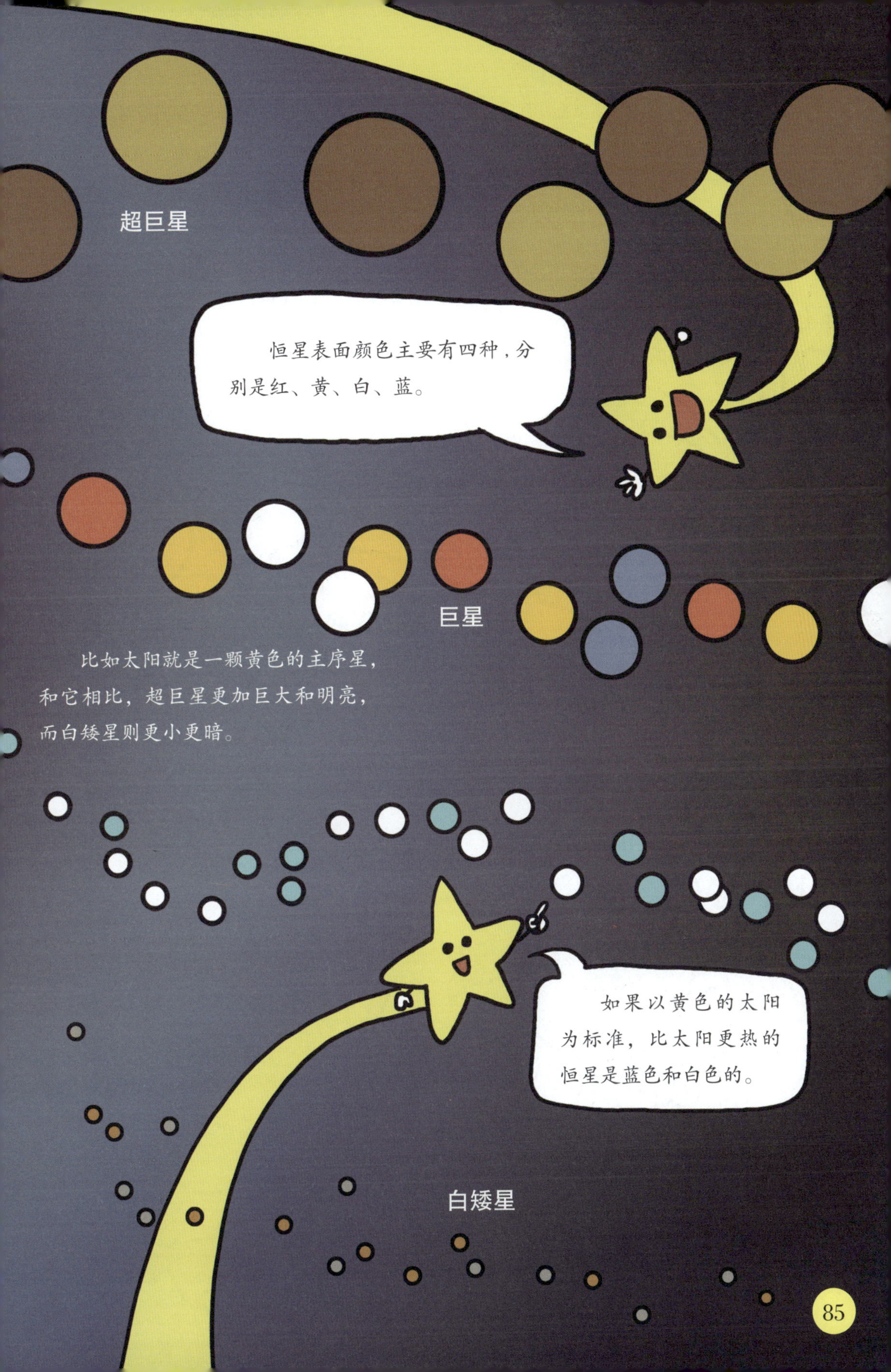

超巨星

恒星表面颜色主要有四种，分别是红、黄、白、蓝。

巨星

比如太阳就是一颗黄色的主序星，和它相比，超巨星更加巨大和明亮，而白矮星则更小更暗。

如果以黄色的太阳为标准，比太阳更热的恒星是蓝色和白色的。

白矮星

恒星的一生

恒星并不是永恒存在的，它们也有寿命。在恒星的一生中，会经历各种不同的演化阶段，时间长短主要取决于恒星的质量。一颗恒星的生命结束时，它会将自身抛回宇宙，成为下一代恒星的原材料。

恒星的诞生

宇宙中的气体云温度越低，就越容易在引力的作用下发生坍缩。坍缩过程中会分裂成大小和质量不同的小块，正是这些碎块形成了恒星。

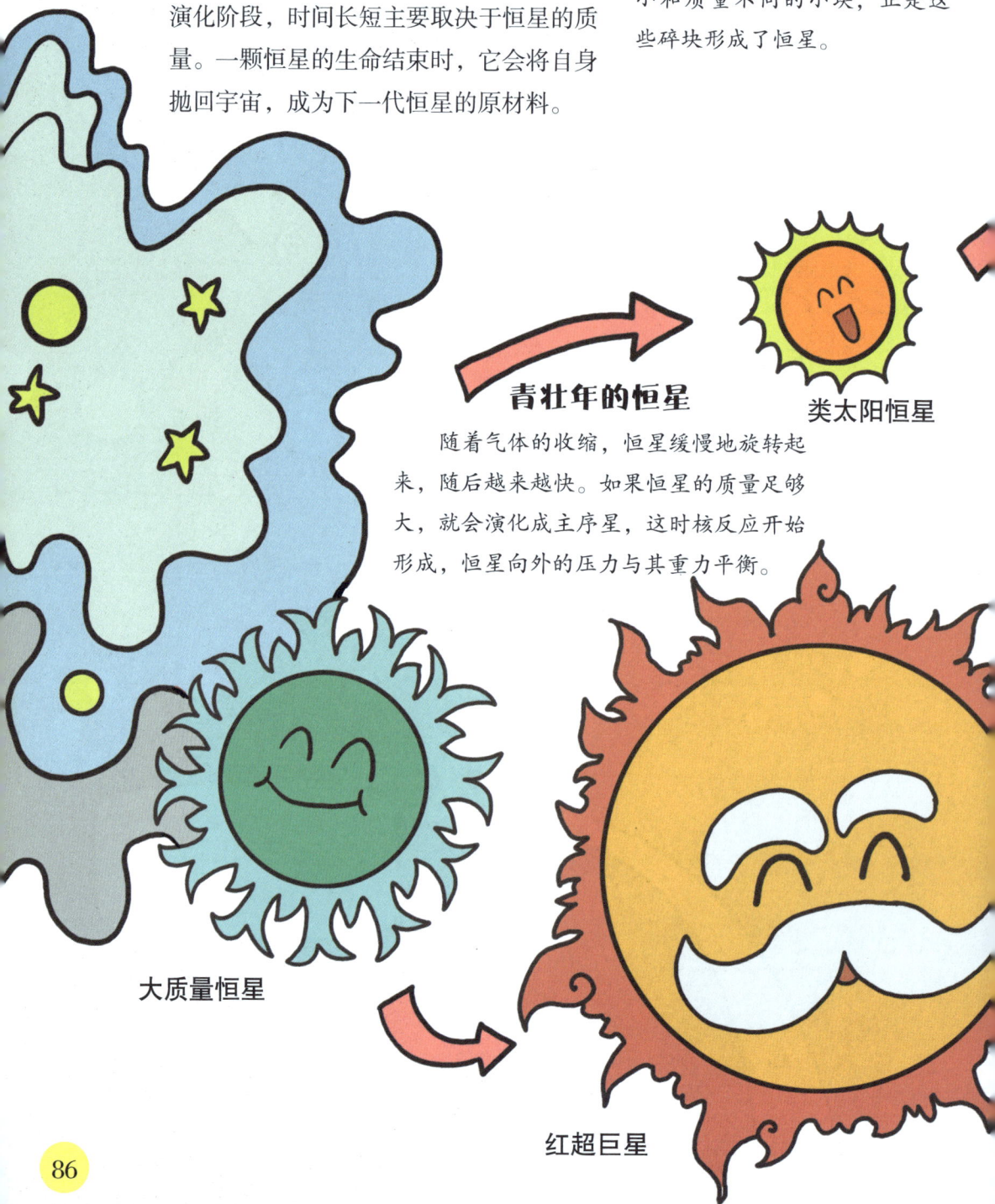

青壮年的恒星

随着气体的收缩，恒星缓慢地旋转起来，随后越来越快。如果恒星的质量足够大，就会演化成主序星，这时核反应开始形成，恒星向外的压力与其重力平衡。

类太阳恒星

大质量恒星

红超巨星

走向衰老的恒星

一旦恒星耗尽了核心的燃料，外壳就会开始燃烧，恒星会逐渐收缩为小而暗淡的白矮星。

红巨星

白矮星

超新星爆发

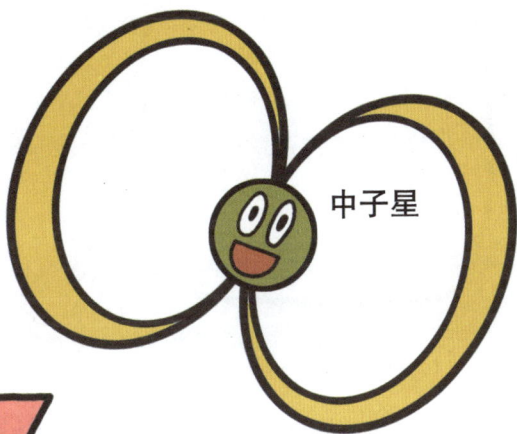

中子星

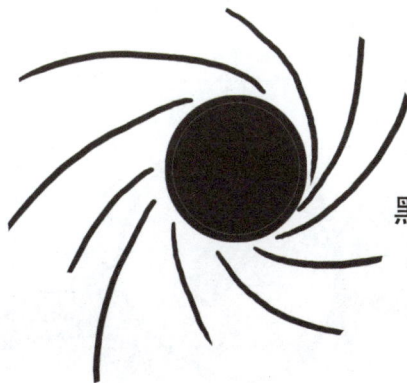

黑洞

大质量的恒星则会爆炸，如果质量超过太阳的1.4倍，就会逐渐坍缩成中子星，如果质量超过太阳的3倍，则会坍缩成黑洞。

到了晚上太阳落山，在一片漆黑的环境中，我们就能看到天上星星啦。

晚上能看到星星和太阳有关系。白天的时候，太阳光的光线很强，而星光很微弱，所以就看不见。

为什么只有晚上才能看到星星

星星为什么会"眨眼睛"

当星星的光芒穿过这层"棉被"的时候，就被厚的地方遮住了，而薄的地方就能透出一点点亮光，这就是星星闪烁不定的原因。

大气层外，星星是不会闪烁的。

这和大气层有关系。大气层就好像是盖在地球上的"棉被"，有的地方棉花薄点，有的地方棉花厚点。

每个人对于未知的宇宙都会有好奇心，天上星星是什么样？宇宙到底有多大？正因为有了好奇心，才有了我们求知和进步的动力。而了解宇宙，就从观星开始。

什么季节适合观星

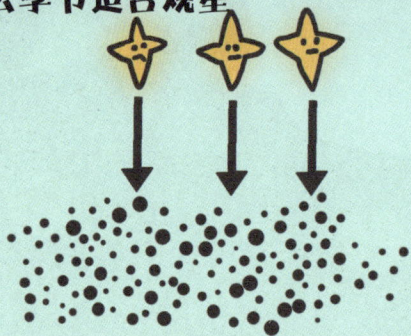

天空中飘浮着很多灰尘和看不到的微粒，这些都会对光线造成阻碍。

冬天空气干燥，微粒少，而且风力强，空气中比较干净，这时就能清楚地观察到星星啦！

借助望远镜观星

用望远镜看月亮，一定会让你感到惊奇！在每月阴历初八到初十，借助双筒望远镜就可以很清楚地看到月亮上面亮暗分明的环形山。

肉眼就可以观星啦

不需要太专业的天文望远镜，靠我们的眼睛，就可以了解这神秘的天空。在晴朗天气的夜晚，抬头找一找哪个星星最明亮？哪一片天空的星光最密集？北斗七星在哪儿？

怎样观察星星呢

找一份星图，边对照边观察，乐趣无穷。

北极星

在旷野中迷路的时候，抬头找找天空中最亮的那颗星，就知道北边在哪里了，这就是北极星。它是小熊星座最亮的一颗恒星。无论何时，它都忠于职守，永远在那个方向，半步也不离开。

北极星

北极星为什么不会动

北极星位于地球地轴的北端，差不多是正对着地轴，由于地球是以地轴为核心自转的，所以北极星看上去是相对不动的。

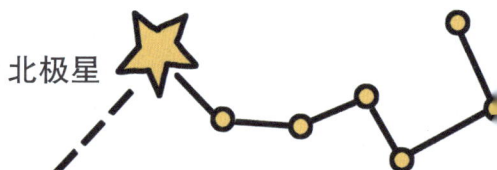

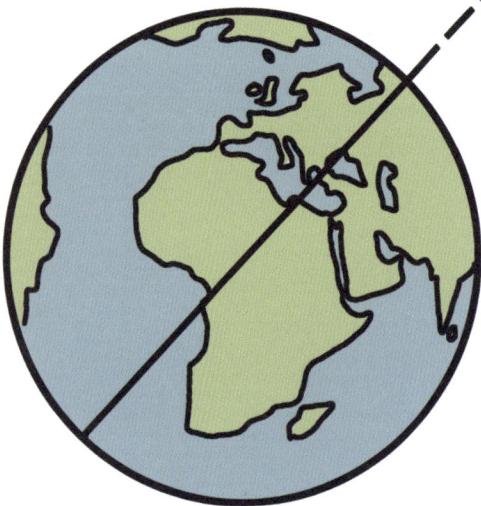

是谁发现了北极星

在古时候，我们中国的老祖先就已经发现北极星了，文献里，北极星被认为是帝星，称为"天帝"。

神奇的北极星

西方大航海时代，船员们对于方位是特别敏感的，他们也发现天上有一颗特别亮的星星一动不动，可以指示北方，于是就把它叫作"北极星"。

黑洞是怎么形成的

质量足够大的恒星在走向死亡的过程中，自身核反应的燃料逐渐耗尽，引力坍缩形成黑洞。

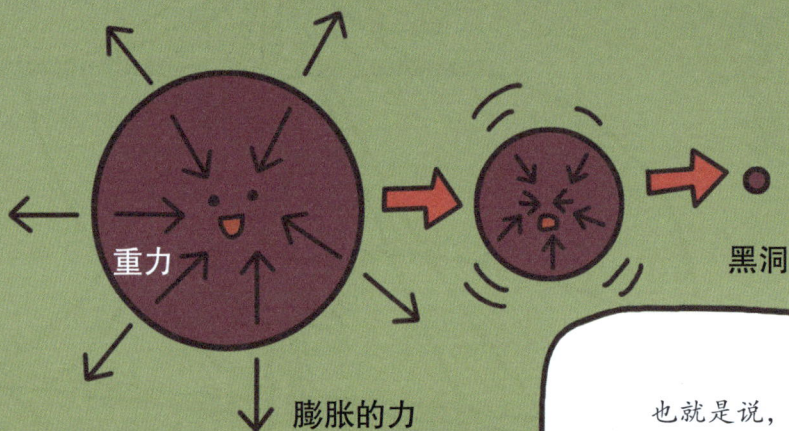

重力

膨胀的力

黑洞

也就是说，黑洞是恒星灭亡后形成的"死星"。

黑洞内部的空间和时间都被压缩了，由于自身的高质量而产生的引力，任何靠近它的东西都会被吸进去。

什么是黑洞

如果把地球缩小成乒乓球大小，也会成为一个黑洞。

黑洞有寿命吗

关于黑洞的演化,不同科学家有着不同的说法。

有的说黑洞的质量会越来越小,能量会逐渐向外辐射,最终黑洞爆炸。

还有的说,黑洞的死亡方式是转变成白洞,白洞和黑洞正相反,黑洞不断吞噬物质,而白洞则会不断向外喷射物质。

人造黑洞

2005年3月,美国物理教授霍拉蒂·纳斯塔西制造出了第一个"人造黑洞"。虽然这个黑洞的体积很小,却具备了真正黑洞的很多特点。2008年9月,欧洲科学家也研发出了"人造黑洞"。

黑洞里什么都没有吗

我们所了解的黑洞，是一个中心黑色的球体。科学家推测，黑洞里面是一颗炙热的不活跃的，已经变成"死星"的恒星，能让光发生扭曲。空间和时间也会被扭曲，就好像时间静止了一样。但是我们还没有真正到黑洞的里面探索过。

黑洞的破坏力

　　黑洞会发出伽马射线，这种射线不仅能摧毁地球，还能摧毁比地球大很多的巨恒星。但是科学家还不能证实这种深不可测的力量来源于何处。这种可怕的破坏力让人们猜测生命的起源也可能源于黑洞。

月海的秘密

当我们用望远镜遥望月球时,可以看到月球表面有一部分黑暗、平坦、宽广的区域——被称为月海。它看起来像海平面,名字里也带了一个"海"字,那它真的是海吗?里面有水吗?

月海是没有水的"海"

经过人类的探测,发现月海里根本没有水。而这跟月球的环境有着很大的关系。

月球上是几乎没有大气的,因此,白天太阳没有大气的阻挡就直接照射到了月球上,月球温度变得很高,可达100摄氏度,晚上因为没有大气吸收热量加以保温,温度下降很快,会下降到零下170摄氏度。如此一来,即便月球上有水,也是要么固态冰的形式存在,要么直接沸腾变成水蒸气了,所以,月球上不可能存在液态的水。

月海是怎么形成的

月海其实是一片熔岩平原，它的形成与巨大的天体撞击月球有关。

月球上的环形山上聚集着许多洼地，当巨大的天体撞击这些洼地后，洼地会产生裂缝，以致地底下的岩浆从裂缝中渗出。这些岩浆将洼地填充，并慢慢凝固成玄武岩，如此一来，玄武岩将洼地填平变成了低洼平原。而黑色的玄武岩颜色很暗，所以月海看起来比较暗。

环形山

月球表面

从地底渗出的岩浆

裂缝

岩浆

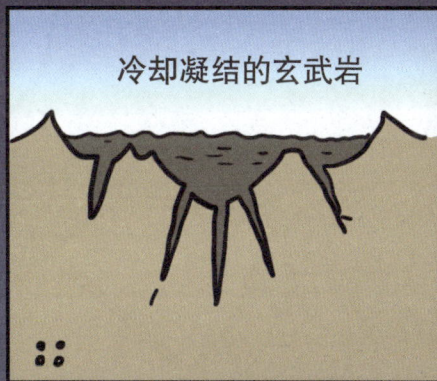

冷却凝结的玄武岩

月球上有很多"海洋"

月球上有大大小小的"海洋"无数，其中面积最大的是位于月球西侧的巨大月海"风暴洋"，它的直径大于 2500 千米，而整个月球的直径也才 3500 千米，可想而知它的巨大。

风暴洋

高科技的太空天文台

什么是太空天文台

太空天文台是一种超大型仪器，用来在外太空观测行星，星系以及其他外太空物体。这样不会受到地球大气的干扰，也不会受到地球的光污染，可以更直观地观测。

随着科技的发展，在地面天文台观测宇宙已经不能满足我们的要求了，于是我们也在外太空建了太空天文台。

地球上的天文台

世界各地有很多天文台，其中最大的地面天文台是建于智利的阿塔卡玛毫米／亚毫米波阵列望远镜。

热气球和航天飞机都可以用来充当临时天文台。

哈勃空间望远镜

2019 年，哈勃太空望远镜科学家公布了最新的宇宙照片——"哈勃遗产场"，这是迄今为止最完整最全面的宇宙图谱，由哈勃望远镜 16 年间拍摄的星空照片拼接而成。

以美国著名天文学家爱德温·哈勃命名，围绕地球旋转的太空空间望远镜。为我们提供了非常清楚的宇宙空间图像。

你了解光学望远镜吗

在地面上用普通望远镜观测天体，可见度比较低。而光学望远镜可以一定程度上克服这些困难。光学望远镜分为反射望远镜、折射望远镜和施密特望远镜三种。

光学望远镜的构造

光学望远镜主要是由反射镜和透镜，还有特殊的照相机和获取图像的仪器，利用精准的电脑来控制望远镜的移动角度。

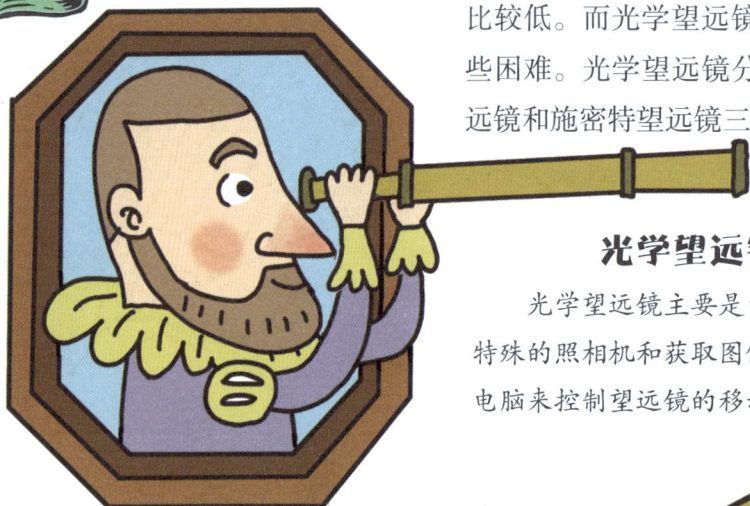

什么是反射望远镜

反射望远镜是大型望远镜，使用曲面和平面的面镜组合来反射光线，并形成影像。它不同于屈光镜，使用透镜折射或弯曲光线形成图像。

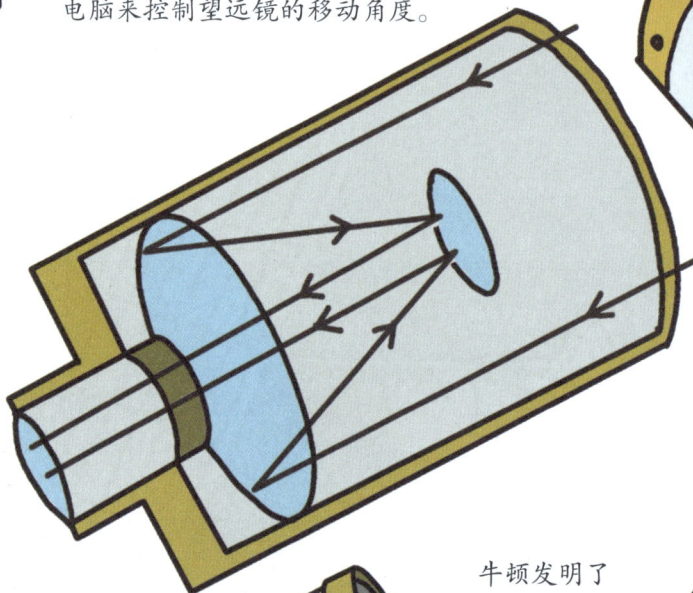

牛顿发明了反射望远镜

什么是折射望远镜

折射望远镜具有宽广的视野，良好的清晰度和高对比度，利用透镜来收集光线。而且它比反射望远镜更加耐用，所以常常受到业余天文爱好者的青睐。

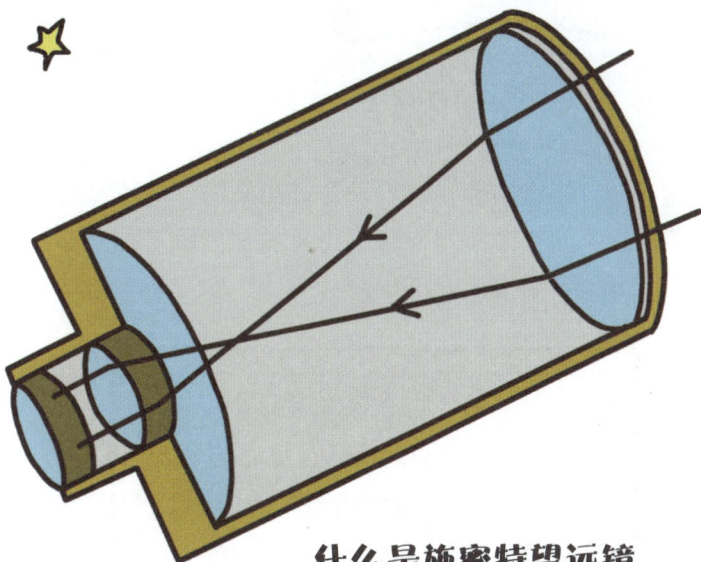

什么是施密特望远镜

1931 年由德国光学家施密特发明，施密特望远镜由一块接近平板的非球面改正透镜和一块凹球面反射镜组成。

望远镜将星光先折射再反射，最后成像。特别适用于观测流星、彗星和人造卫星等。

什么是辐射

宇宙中存在着各种各样的辐射，光线也是其中的一种。只不过光线可以被我们看到，而其他看不到的辐射需要通过仪器测出。

什么是可见光

可见光是电磁波谱中人眼可以感知的部分。太阳光虽然是白色的，经过雨滴反射和折射可以形成彩虹，彩虹的颜色从红色到紫色，是按照光的波长排列的。

什么是热辐射

具有温度的物体辐射出的电磁波就是热辐射。物体在向外辐射的同时，还会吸收其他物体射来的能量。

电视

雷达

微波炉

什么是宇宙射线

宇宙射线是来自外太空的带电高能次原子粒子。好在有了地球磁场的保护，才让我们可以免受宇宙辐射和太阳风的伤害。

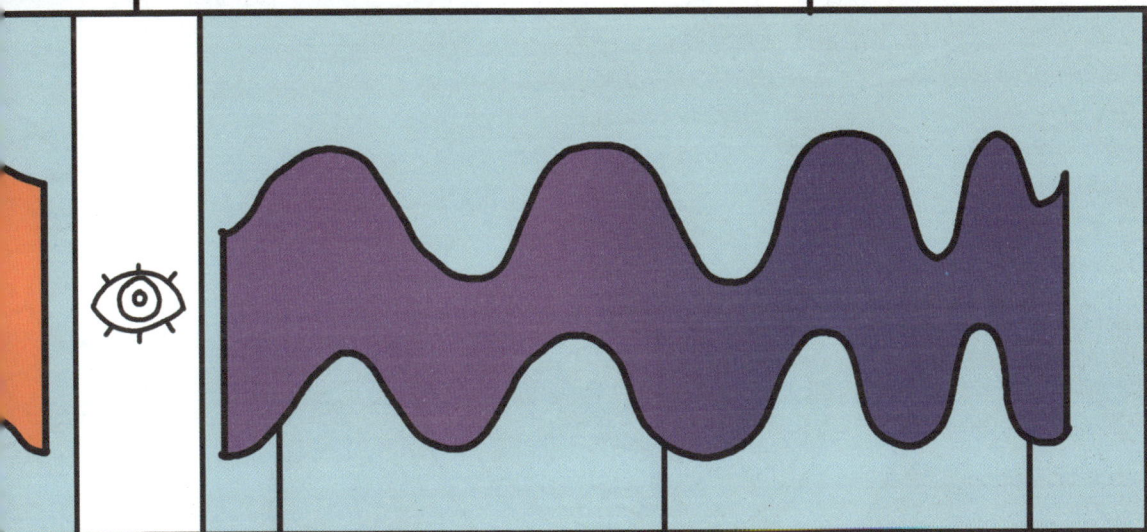

防紫外线眼镜

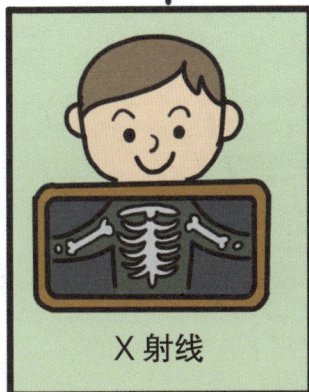

X 射线

伽马射线

飞向太空

早在几千年前，人类就对神秘的宇宙心存向往了。我国古代还有嫦娥奔月的故事，都是用神话来表达探索宇宙的愿望。

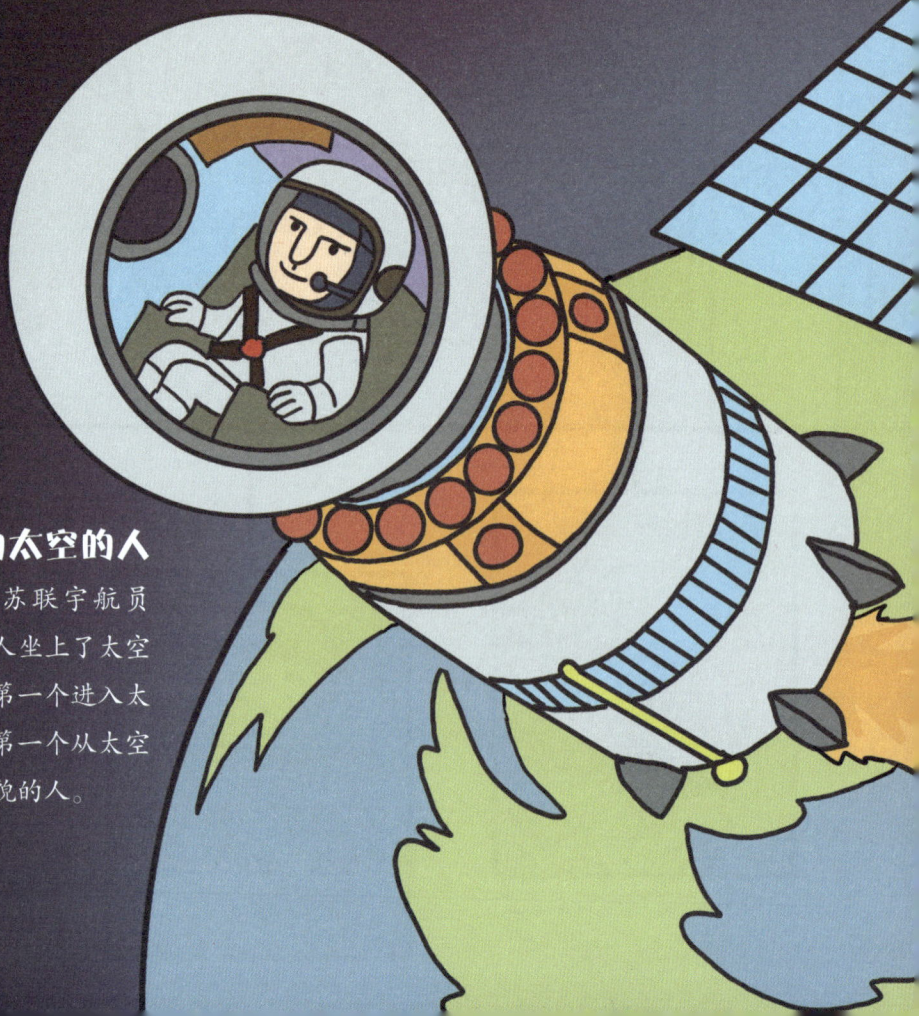

第一个飞向太空的人

1961 年，苏联宇航员加加林只身一人坐上了太空船，他成为了第一个进入太空的人，也是第一个从太空中看到地球全貌的人。

中国的航天员

1992 年 9 月，国家正式批准了载人飞船工程，并命名为 921 工程。2003 年 10 月 15 日，杨利伟搭乘由长征二号 F 火箭运载的"神舟五号"飞船进入太空，是中国第一位进入太空的太空人。

月球

人类登月

人类飞向太空只是我们探索宇宙的第一步，而人类登上月球，才标志着梦想的实现。

月球距离我们有多远

月亮看着离我们很近，其实并不然。在近地轨道长时间运行、供航天员巡访、长期工作和生活的地方，距离地球400千米左右。而月球却离我们大约有38万千米远。这意味着，就算我们以磁悬浮的速度行驶，也要花上个把月的时间。

38万千米

400千米

登月计划

"阿波罗计划"是 1961 年由美国提出的首个登月计划。计划开始后，科学家们不断地向月球发射火箭，但是都失败了。

土星 5 号
运载火箭

阿波罗 11 号

最终，1969 年，阿波罗 11 号顺利飞到了月球。

这是个人迈出的一小步，但却是人类迈出的一大步。

阿姆斯特朗成为了第一个踏上月球的人，也是第一个在地球以外的星球上留下脚印的人。

现在，人类飞向太空已不再是梦。那么，住在太空中和住在地球上有什么不同呢？

生活在空间站

太空中没有重力，和生活在地球上是不一样的。

走路的时候，不能太过使劲，就算咳嗽一声，都会倒退好几步。

洗澡的时候，喷出来的水会到处乱飞，科学家发明了一种能把水朝一个方向吸的淋浴器，于是解决了这个问题。

喝水的时候，水会从杯子里洒出来而不会掉到地上，所以带吸管的杯子最好用。

睡觉的时候，需要把自己牢牢地固定在床上，不然一翻身，就不知道飘到哪里去了。

失重会带来什么问题

人如果长期处于失重的状态下，身体会出现很严重的问题。骨骼和肌肉都会退化，心脏和血管功能也会衰竭。科学家研发出了旋转式航天器，可以一定程度上模拟重力。

假想的世代飞船

有的恒星离我们实在太遥远了，就算是乘坐最先进的飞行器，在一个人的有生之年都很难到达。于是有人提出了世代飞船的计划，设想是让第一代宇航员在飞船上生活，让他们的后代继续生活在这个飞船上，直到飞达目的地。

什么是地球重力

在地球上，重力就是地球引力，我们随时随地都会受到重力的影响。而在太空中没有重力，所有的物体都会飘浮起来。

地球上也有失重状态

你有没有过这样的体会，在游乐园坐过山车，从高处往下冲的时候，会有瞬间的失重感觉。这是因为顺着重力往下落的时候，感觉不到重量，像是在飘浮一样。

摆脱地球重力

宇宙飞船在从地球飞向太空的时候，需要燃料加速推进，等冲出大气层，飞到不受地球重力影响的位置，就可以飘浮在宇宙中了。

太空飞机和宇宙飞船

什么是太空飞机

太空飞机可以像火箭一样垂直起飞，并自动在跑道上着陆，它可以像飞机一样飞行，不需要任何地面或机载设备的干预。

第一架太空飞机

X-15 号是第一架太空飞机，20 世纪 60 年代，X-15 到达外层空间的边缘，并传回了在飞机和航天器设计中有使用价值的数据。

太空船 2 号

水星号

什么是宇宙飞船

宇宙飞船是运送航天员和物体到达太空并安全返回的航天器。可分为一次性使用与可重复使用两种类型。

第一艘宇宙飞船

1961 年 4 月 12 日，前苏联的"东方 1 号"宇宙飞船发射成功，这是世界上第一艘载人的宇宙飞船。

除了我们人类，地球上还有着多种多样的生命，有的大，有的小，还有的奇形怪状。地球的环境直接影响我们的生存发展，所以保护地球就是保护我们的子孙后代。

陆地上的生命

陆地生命多种多样，在陆地上生活的动物有天空中飞翔的鸟类，有昆虫，有看不见的微生物，还有很多常见的动植物。

植物的种类也很多，五颜六色的花，碧绿的草，还有高大的树木。这些都装点着地球，构成了一个热闹的自然家园。

地球上的生命

海洋里的生命

海洋占有地球上70%以上的面积，神秘海洋里的生命比陆地上的更加丰富多样，不只有鱼类，而且已经证实地球上的生命起源于海洋，海洋是孕育一切生命的摇篮。

地球之外的生命

放眼宇宙，茫茫外太空，是不是还存在着我们不知道的生命呢？是不是他们也在寻找我们呢？

大气和水源造就了生命，而其他星球上也并非没有大气和水的存在，只不过有的是以二氧化碳和冰的形式存在着。

地球是唯一有生命的星球吗

离开地球，如果我们不借助设备的防护，在外太空是无法生存的。可是反过来想，假如有外星生命，是不是地球环境对于他们来说，也是一样残酷的呢？

外星人与UFO

很多人声称看到过外星人和他们驾驶的宇宙飞船，可是真假性无法证实。

科学家们也在持续不断地向外太空发射无线电信号，希望可以侦测或接收到来自外星人的问候。许多科幻书籍和电影也让我们的想象力发挥到了极致。

太空科技在进步

从人类迈向太空的第一步开始，就一直在研发越来越先进的太空科技，比如更低廉环保的太空动力，更发达的太空设备等等。

构想的太空电梯

普通电梯是让乘客往返于楼层之间，太空电梯与之类似，是人类构想的一种通往太空的设备。是将乘客送入距地球约 3.6 万千米的一座空间站。

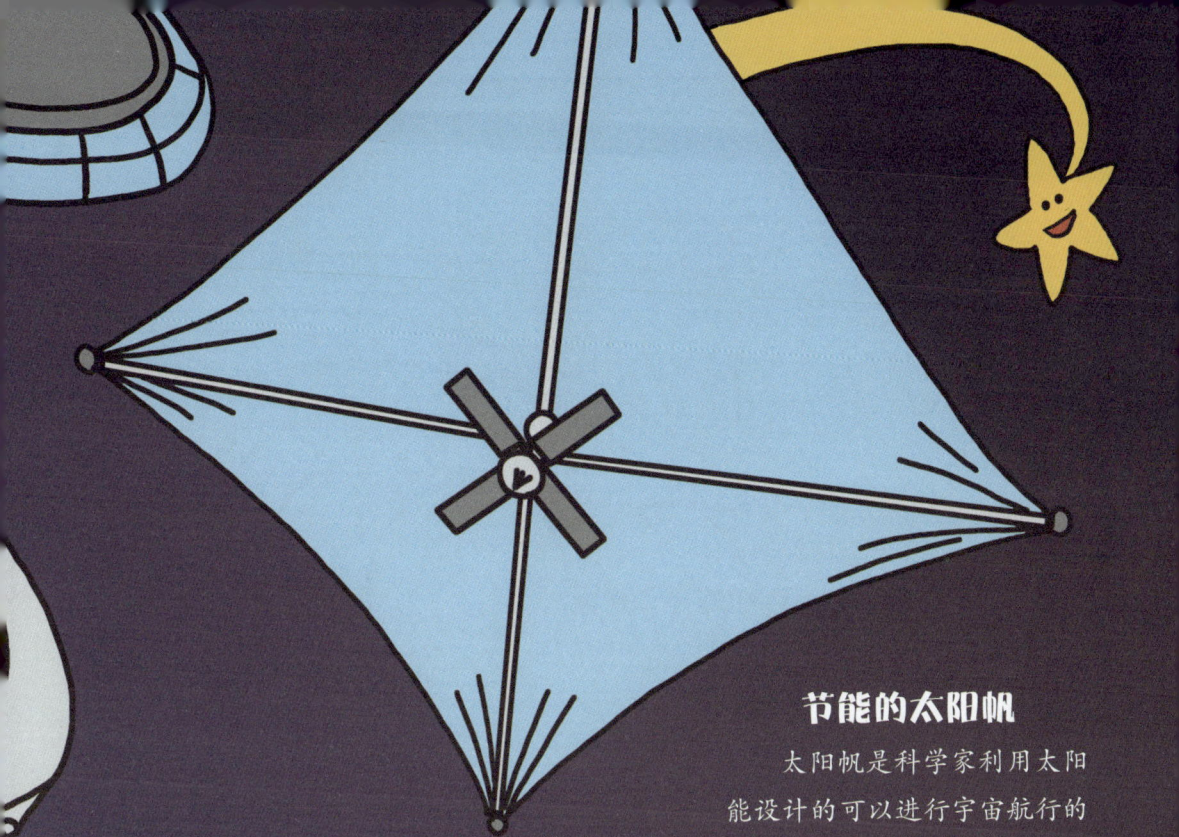

节能的太阳帆

太阳帆是科学家利用太阳能设计的可以进行宇宙航行的一种航天器。虽然推力很小，不足以支持航天器从地面起飞，但在没有空气阻力的太空，这种小小的推力仍然能够推动航天器加速前进。

核动力火箭

传统的火箭采用化学燃料做动力，未来火箭的新方式是用核能作为动力，无论是在动力上还是续航力上，都有着无可比拟的优势。

什么是时空

时空是时间＋空间。这个概念是爱因斯坦提出来的，虽然有点抽象，但也可以理解为看待同一事物的不同方式。

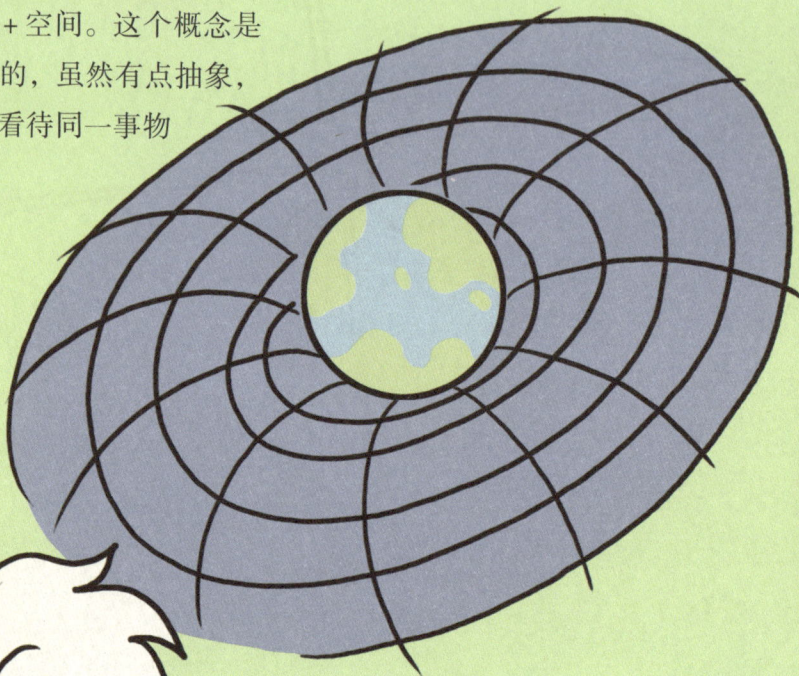

时空弯曲是怎么回事

爱因斯坦还提出，巨大的物体可以让时空发生弯曲，物体密度越高，弯曲得就越厉害，万有引力就是时空弯曲的表现。

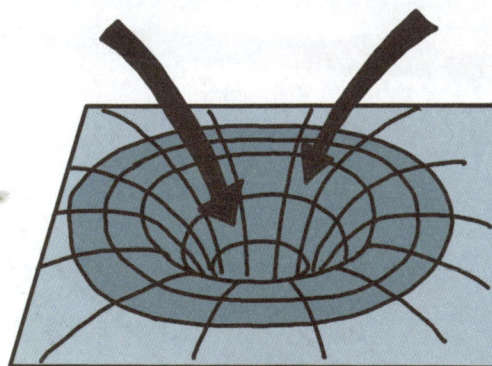

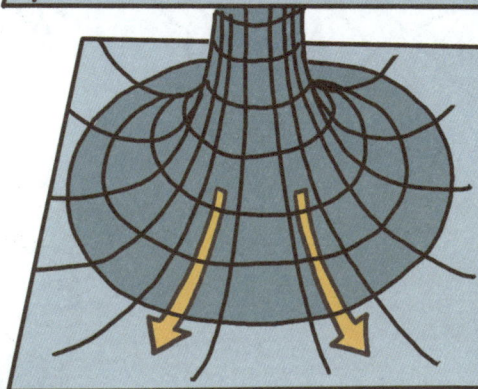

虫洞理论

　　虫洞又叫"时空洞"，是科学家假设的概念，认为可能存在的连接两个不同时空的狭窄隧道。如果是真的，我们就可以通过虫洞来进行时空旅行。

黑洞和时空有什么关系

　　黑洞里面时空是扭曲的，如果能安全地钻进黑洞，或许能用来穿越时空，但是否能安全返回就不好说了。

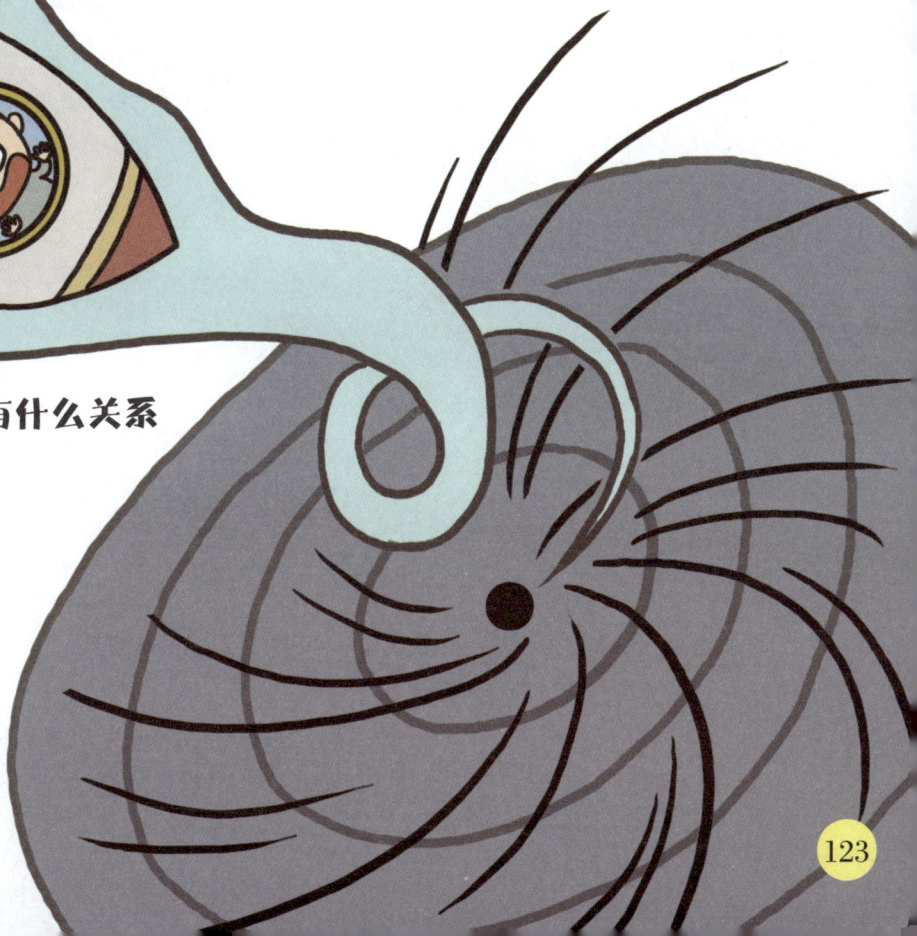

为什么要进行宇宙开发

宇宙对我们生活的影响

地球只是宇宙的极其微小的一部分，很容易受到宇宙的影响，比如太阳黑点会造成通信障碍，彗星撞击地球会造成更大的伤害。

设想若干年后，地球变得不再适合生存的时候，人类也需要寻找新的家园。所以我们探索宇宙，进行宇宙开发是很有必要的。

124

高科技材料

　　进行宇宙开发需要高科技材料做支撑，运用在航天器上的材料具有耐火作用。还有隔热材料，这些用在火箭上面的材料也逐渐应用在日常建筑中。